基于保障视角的城乡居民

大病保险制度研究

唐芸霞　著

天津出版传媒集团

天津人民出版社

图书在版编目（CIP）数据

　　基于保障视角的城乡居民大病保险制度研究 ／ 唐芸
霞著 . -- 天津 ： 天津人民出版社，2023.1
　　ISBN 978-7-201-17951-3

　　Ⅰ . ①基… Ⅱ . ①唐… Ⅲ . ①医疗保险－保险制度－
研究－中国 Ⅳ . ① F842.684

　　中国版本图书馆 CIP 数据核字（2022）第 254982 号

基于保障视角的城乡居民大病保险制度研究
JIYU BAOZHANG SHIJIAO DE CHENGXIANG JUMIN DABING BAOXIAN ZHIDU YANJIU

出　　　版　天津人民出版社
出 版 人　刘　庆
地　　　址　天津市和平区西康路 35 号康岳大厦
邮政编码　300051
网购电话　(022)23332469
电子信箱　reader@tjrmcbs.com

责任编辑　章　赪
装帧设计　黑眼圈工作室

印　　　刷　廊坊市海涛印刷有限公司
经　　　销　新华书店
开　　　本　787 毫米 ×1092 毫米　1/16
印　　　张　11.25
字　　　数　175 千字
版次印次　2023 年 1 月第 1 版　2023 年 1 月第 1 次印刷
定　　　价　46.00 元

前　　言

在计划经济时代，面向城镇职工的公费医疗、劳保医疗和面向农村居民的合作医疗，为全国人民提供了基本的医疗保障。但是几近免费的公费医疗和劳保医疗导致了医疗资源浪费严重和医疗费用迅速增长，农村合作医疗随着农村家庭联产承包责任制改革也失去了集体经济支持和组织依托，原有的医疗保障制度已无法适应经济体制改革和市场经济发展的需要。20 世纪 90 年代，我国开始进行医疗保障制度改革，相继建立起城镇职工基本医疗保险、新型农村合作医疗和城镇居民基本医疗保险制度。到 2011 年，这三项基本医疗保险的参保率达到 95% 以上，我国正式建成了覆盖全民的基本医保体系。基本医保在降低城乡居民医疗费用负担方面发挥了基础性作用，但是囿于制度起步发展阶段的"低水平、广覆盖"原则，所提供的保障水平有限，加上医疗费用高速增长，居民一旦罹患重大疾病，依然面临沉重的经济压力。为有效防止家庭灾难性医疗支出造成"因病致贫""因病返贫"问题，2012 年 8 月，国家发改委、人社部、原卫生部等六部门联合发布了《关于开展城乡居民大病保险工作的指导意见》，提出要在基本医疗保险的基础上建立城乡居民大病保险制度，进一步对城乡居民因大病产生的高额医疗费用进行分担，拉开了大病保险试点工作的序幕。2015 年 7 月，国务院办公厅发布《关于全面实施城乡居民大病保险的意见》，提出至 2015 年底大病保险要全面覆盖基本医保参保人群，到 2017 年建立起比较完善的城乡大病保险制度。这为在全国范围推行大病保险制度提供了政策指导。自此我国城乡居民大病保险制度建设提速。

2017 年 10 月，党的十九大报告指出"按照兜底线、织密网、建机制的要求，全面建成覆盖全民、城乡统筹、权责清晰、保障适度、可持续的多层次社会保障体系"，提出"完善统一的城乡居民基本医疗保障制度和大病保险制度"。党的十九大报告勾画了实施健康中国战略蓝图，表达了党对人民健康的高度重视，要求医疗保障体系建设对人民群众日益增长的美好生活需求作出积极回应，也对我国城乡居民大病保险制度的建设与完善提出了更高要求。截至 2017 年底，全国共有超过 1700 万人次获得大病保险赔付，城乡居民大病保险实际报销比例在基本医保基础上普遍提高了 10% ~ 15%，整体报销比例达到 70%，远远超过制度设计"不低于 50%"的目标。大病保险的实施在解决中国家庭灾难性医疗支出方面取得了实质性的成效。2018 年政府工作报告指出"我国大病保险制度已经基本建立"。2019 年政府工作报告提出"继续提高城乡居民基本医保和大病保险保障水平"。为深入贯彻党的十九大关于全面建立中国特色医疗保障制度的决策部署，着力解决我国医疗保障发展不平衡、不充分的问题，2020 年中共中央、国务院《关于深化医疗保障制度改革的意见》提出了"促进多层次医疗保障体系发展"，明确要求"完善和规范居民大病保险"。2021 年 11 月，国务院办公厅发布的《关于健全重特大疾病医疗保险和救助制度的意见》指出，做好重特大疾病医疗保障是进一步减轻困难群众和大病患者医疗费用负担、防范因病致贫返贫、筑牢民生保障底线的重要举措，要"建立健全防范和化解因病致贫返贫长效机制，强化基本医保、大病保险、医疗救助综合保障"。这标志着我国大病保险制度与基本医疗保险、医疗救助携手走向进一步完善阶段。

城乡居民大病保险制度是我国近年来大力推行的一项重大创新性惠民工程。党和政府对于大病保险制度建设的高度重视，表明了推进健康中国建设，防止因病致贫、因病返贫的坚强决心。目前大病保险制度在普惠性地覆盖全民、优化参保人保障待遇、防范和化解家庭灾难性医疗支出方面已经取得了初步成效，成为破解"看病难""看病贵"的有效途径之一，获得了群众普遍认可，但是在运行过程中也面临着诸多考验与挑战，如资金来源单一、保障水平偏低、医疗费用与基金支出增长过快、商保公司经办效率不高、医方与保方合作不畅、与其他医疗保障制度衔接不紧等。这些问题如果不能得到及时有效解决，会影响大病保险制度运转与健康发展，进而降低我国多层次医疗保障体系和重特大疾病保障体系的整体效能。在以上背景下，本书从保障视角出发对大病保险制度的保障功能、保障内容、保障效果、保障能力进行研究，有助于客观认识我国大病保险制度，为完善制度和进一步深化相关领域改革提供具有参考价值的建议。

目　　录

第一章 绪论

一、研究背景

我国社会医疗保险制度最早始于 20 世纪 50 年代实行的公费医疗、劳保医疗以及于 60 年代建立的农村合作医疗。随着改革开放与市场经济体制建设，这些制度渐渐不能适应社会发展需要和人民群众需求。医疗保障是关系国计民生的大事，如何有效化解和分担群众的健康风险一直是党和政府高度关注的重大课题。1998 年，《关于建立城镇职工基本医疗保险制度的决定》（国发〔1998〕44 号）出台，标志着我国开始建立面向城镇职工的"统账结合"的社会医疗保险制度。2003 年，国务院办公厅转发卫生部等部门《关于建立新型农村合作医疗制度的意见》（国办发〔2003〕3 号），要求在农村建立新型农村合作医疗以确保广大农民能够享受最基本的医疗服务。2007 年，国务院颁布《关于开展城镇居民基本医疗保险试点的指导意见》（国发〔2007〕20 号），为城镇非就业居民提供医疗保障制度。这三项制度为我国构建起覆盖全体城乡居民的基本医疗保险制度。到 2011 年，我国正式实现了全民医保。2016 年，国务院发布《关于整合城乡居民基本医疗保险制度的意见》（国发〔2016〕3 号），提出要在"六个统一"的政策指导下整合城镇居民基本医疗保险和新型农村合作保险制度，使城乡居民能够更加公平地享有医疗保障。2017 年，我国织就世界上最大的全民基本医疗保障网，13 亿人参加基本医保，参保率稳定在 95% 以上。

随着基本医保制度覆盖率快速上升、保障范围不断扩展、保障水平持续提高，城乡居民的基本医疗保障需求得到了有效满足，在一定程度上提高了医疗服务可及性并减轻医疗经济负担。但是基本医保的保障水平有限，加上医疗费用增速较快，城乡居民一旦身患重疾，个人和家庭仍面临沉重的医疗支出负担。为了有效防止家庭灾难性医疗支出造成"因病致贫""因病返贫"等问题，我国政府决定开展城乡居民大病保险试点工作，为城乡居民构筑起更加牢固的医疗保障安全网。2012 年 8 月，国家发改委、人社部、原卫生部等六部门联合发布《关于开展城乡居民大病保险工作的指导意见》（发改社会〔2012〕2605 号），在部分省（区、市）开展大病保险试点。在总结前期试点经验的基础上，2015 年 7 月，国务院办公厅发布《关于全面实施城乡居民大病保险的意见》（国办发〔2015〕57 号），要求在全国推行城乡居民大病保险，标志着大病保险由局部试点迈向全面覆盖，成为一项普遍实施的医疗保险制度。此后，《关于实施健康扶贫工程的指导意见》（国卫财务发〔2016〕26 号）、《医疗保障扶贫三年行动实施方案（2018-2020 年）》（医保发〔2018〕18 号）等政策文件都将完善大病保险制度作为我国医疗保障事业发展和健康扶贫的重要举措。2017 年，党的十九大报告表达了党对公民健康公平的高度关注，要求医疗保障体系建设对人民群众日益增长的美好生活需求作出积极回应，也对大病保险制度建设与完善提出了更高要求。为深入贯彻党的十九大关于全面建立中国特色医疗保障制度的决策部署，着力解决医疗保障发展不平衡不充分的问题，2020 年中共中央、国务院《关于深化医疗保障制度改革的意见》（中发〔2020〕5 号）提出"强化基本医疗保险、大病保险与医疗救助三重保障功能，促进各类医疗保障互补衔接，提高重特大疾病和多元医疗需求保障水平"，并明确要求"完善和规范居民大病保险"。2021 年 8 月，国家医保局、财政部联合发布《关于建立医疗保障待遇制度的意见》（医保发〔2021〕5 号），进一步将大病保险纳入补充医疗制度范畴，并要求大病保险的起付标准原则上不高于统筹地区居民上年度人均可支配收入的 50%，支付比例不低于 60%。2021 年 11 月 22 日，国务院发布《关于健全重特大疾病医疗保险和救助制度的意见》（国办发〔2021〕42 号），标志着我国大病保险制度与基本医疗保险、医疗救助携手走向进一步完善阶段。大病保险与基本医疗保险、医疗救助一起构成三重医疗保障，共同为全国人民筑牢医疗保障防线。

我国城乡居民大病保险制度从 2012 年展开试点距今已有十年，大病保险制度的保障效果如何？未来该如何进一步提升保障效果？保障能力是否具有长期可持续性？如何提高大病保险制度的保障能力？从理论和实践层面对这些问题进行梳理和回答，对于完善大病保险制度和多层次医疗保障体系，对于今后我国建立应对相对贫困的长效机制均具有重要价值。

二、研究意义

（一）理论意义

我国覆盖全民的基本医疗保障体系在降低家庭灾难性医疗支出、缓解因病致贫与因病返贫方面发挥了基础性作用。但是城乡居民基本医保对医疗费用的实际补偿只在 50% 左右。居民逢大病经过居民医保补偿后，仍有超过一半以上的医疗费用需要自己承担，往往超出普通城乡居民家庭的经济承受能力。治疗重大疾病所产生的医疗费用远远高于常见病，单靠现行的居民医保制度，不足以抵御重疾所带来的经济冲击。

健康需求理论认为，健康资本既是消费品，也是投资品。健康资本具有人力资本价值，投资健康将获得生命延长或劳动时间增加的回报。当人们健康受损后，对恢复健康存量最为必要的投资就是购买医疗服务。大病保险是影响居民购买医疗服务的一个重要变量。大病保险在城乡居民基本医保报销之后，进一步对高额医疗费用进行补偿，降低了参保人对医疗服务价格的敏感性，可以从经济上提高其对医疗服务的可及性，帮助民众恢复健康，实现健康权益公平。就公共物品理论而言，大病保险是准公共物品。政府应提供大病保险产品，但这并不意味着大病保险必须由政府直接承担，政府可将经办业务委托给市场以提高产品供给效率。就信息不对称理论而言，医疗保险领域历来容易引发逆向选择与道德风险问题，在委托代理关系中占有信息优势的代理人会在趋利动机下损害委托人利益，特别是在其道德风险行为难以被发现和有效制约的情况下，会导致医疗费用的膨胀与医疗资源的浪费。大病保险制度运行中多个利益主体之间错综复杂的委托代理关系使得大病保险控费的难度更大。

本书希望丰富公共物品理论、健康需求理论和信息不对称理论下大病保险制度保障效果与保障能力方面的内容，为客观评价我国大病保险制度的保障效果和科学测算大病保险制度的保障能力，为更加充分有效地应对广大群众对转移重大疾病经济风险的需要和实现大病保险制度可持续发展提供一些理论和实证研究的参考。本书分析大病保险制度保障效果的评价标准与方法，影响大病保险基金收入端和支出端的因素，当前大病保险制度运行中面对的问题与形成原因，对于我国大病保险制度和医疗保障政策评估、医疗保险基金的可持续性、医保经办方式改革以及医疗卫生体制改革等方面的研究都具有重要理论价值。

（二）现实意义

当前我国社会保障领域的不均衡、不充分发展严重影响着群众的"安全感""获得感"和"幸福感"，特别是基本医疗保险在应对高额医疗费用上的作用有限，大大降低了人民群众对未来生活的稳定预期。大病保险作为基本医疗保险的二次报销机制，两者的衔接提高了医疗保障水平。目前基本医疗保险与大病保险的总报销水平已经超过了 80%[1]，在一定程度上减轻了大病患者的经济负担。大病保险作为一项重要的民生保障工程，在缓解人民群众因病致贫、因病返贫方面发挥了重要作用，

---

[1]　人社部 . 基本保险 + 大病保险的政策报销水平已经超过 80% [EB/OL]. http://www.chinadevelopment.com.cn/news/zj/2018/02/1237756. shtml，2018-02-26.

有助于巩固我国精准扶贫战略成果，而且在未来我国应对相对贫困上大病保险仍然大有可为。因此，有必要正视大病保险运行中出现的一些影响制度健康发展的问题，如保障内容与制度目标偏离、保障效果不良、保障能力的可持续性面临挑战、商业保险经办效率不高等。

本书以城乡居民大病保险制度为研究对象，基于保障视角对大病保险制度最为关键的保障功能、保障内容、保障效果与保障能力等方面进行系统研究，论证大病保险是否达到了"力争避免城乡居民发生家庭灾难性医疗支出"的保障效果，是否具备可持续的基金财务保障能力。从保障视角对大病保险制度进行研究与探讨，有助于发现问题并及时总结经验，为未来我国进一步完善大病保险制度提供具有参考价值的建议。

三、国内外研究综述

国内外关于大病保险的研究成果丰富，学者从不同的学科视角出发，采用不同研究方法，对理论和实践问题展开研究。本章对主要研究主题进行文献综述。后面各章涉及一些更加具体的研究主题时，仍将对一些代表性的研究成果予以介绍。

（一）国外研究现状

1. 大病医疗费用研究

金允熙（Younhee Kim，2011）等对比韩国普通家庭与遭受重大疾病家庭的收入水平和家庭支出方式时发现，如果因为支付家庭成员之一的重大疾病医疗费用，家庭的其他收支会减少[1]。科尔内斯（Cornes，2012）分析大病医疗费用持续上涨的原因，结果显示使用特效药是主要原因；建议采用其他方式包括鼓励相关机构开

---

[1] Younhee Kim, Bongmin Yang. Relationship between Catastrophic Health Expenditures and Household Incomes and Expenditure Patterns in South Korea [J]. Health Policy, 2011 (100): 239-246.

发研究生物抗癌药物来降低重大疾病医疗费用支出[1]。蒂尔伯特（Tilburt，2013）等对 2556 个被调查者展开医疗费用调研，统计医疗费用过快增长的主要原因：超过一半的被调查者认为商业保险公司和相关监督部门应负有主要责任，约 30% 的人认为诊疗医师负有主要责任。在如何有效控制医疗费用上，其建议加强对医师诊疗行为的监管，规避不合规的过度医疗行为，并对患者使用昂贵药品加以限制[2]。盖泽（Gazer, 2015）抽取瑞士 65 家医院的一万多位大病患者为样本，发现医疗费用增长过快的原因，一是由于年纪、性别的差异引发了某些疾病，造成额外的经济负担，二是受人口结构的影响，患者所承受的医疗费用不同[3]。

2. 灾难性医疗支出研究

国外关于灾难性医疗支出的研究主要围绕着灾难性医疗支出的界定标准、影响因素、后果以及如何免于灾难性医疗支出而展开。

学界对界定标准研究较多。贝尔基（Berki，1986）认为可以用家庭年均收入的一定比例来界定[4]。徐可（Ke Xu，2003）提出以家庭可支付能力的 40% 作为界定标准[5]。这一标准逐渐成为主流。此后，也有学者主张以总支出的一定比例[6]，或

———————————

[1] Cornes P. The Economic Pressures for Biosimilar Drug Use in Cancer Medicine[J]. Targeted Oncology, 2012, 7(1): 57-67.

[2] Tilburt J C, Wynia M K, Sheeler R D, et al. Views of US Physicians About Controlling Health Care Costs [J]. JAMA, 2013, 310 (4): 380-389.

[3] Nadine Gazer, Alexander Malingerer. Critical Ilness Insurances: Challenges and Opportunities for Insurers[J]. Risk Management and Insurance Review, 2015, 18 (2): 131-145.

[4] S E Berki. A Look at Catastrophic Medical Expenses and the Poor[J]. Health Affairs, 1986(4): 138-145.

[5] Ke Xu, David B Evans, Kei Kawabata et al. Household Catastrophic Health Expenditure: A Multicountry Analysis[J]. Lancet, 2003 (362): 111-117.

[6] S Bonu, I Bhushan, M Rani, I Anderson. Incidence and Correlates of 'Catastrophic' Maternal Health Care Expenditure in India [J]. Health Policy and Planning, 2009(24): 445-456.

是以非医疗支出的一定比例作为界定标准 [1]。由于灾难性医疗支出是本书的核心概念之一，在第二章对其进行界定时仍需详细介绍国外研究，在此不做赘述。

关于灾难性医疗支出的影响因素，学界观点纷呈，主要包括：较低的家庭收入和可支付能力、家庭病史、较低的医疗服务可获得性和缺乏医疗保险等。杰克逊（Jackson，2009）等认为自付医疗费用是导致中国农村家庭灾难性医疗支出的重要影响因素，提出通过财政支持来减轻"因病致贫"压力十分有必要 [2]。劳拉（Lara，2011）等发现没有健康保险的低收入家庭比有健康保险的高收入家庭更有可能发生灾难性医疗支出，认为收入是影响灾难性卫生支出发生的决定性因素 [3]。穆罕默德（Mohammad，2011）等认为产生灾难性支出的主要原因是住院时间过长、家庭收入水平较低和在私人医院住院就诊 [4]。昌（Cheong，2012）等调查首尔家庭时发现灾难性医疗支出的发生与多种因素有关，配偶、失业率、家庭收入、残疾人数量、自评健康都是灾难性医疗支出的影响因素 [5]。杰弗里（Jeffrey，2015）等以墨西哥为例，研究医疗保险对减少灾难性医疗支出的效果 [6]。布尔盖特（Buigut，2015）等研究

[1] C Bredenkamp, M Mendola, M Gragnolati. Catastrophic and Impoverishing Effects of Health Expenditure: New Evidence from the Western Balkans[J]. Health Policy and Planning, 2011(26): 349-356.

[2] Sakha Jackson, Xiaoyun Sun, Gordon Carmichael, Adrian C Sleigh. Catastrophic Medical Payment and Financial Protection in Rural China: Evidence from the New Cooperative Medical Scheme in Shan Dong Province[J]. Health Economics, 2009, 18(1): 103-119.

[3] Lara J I A, Gomez F R. Determining Factors of Catastrophic Health Spending in Bogota, Colombia[J]. International Journal of Health Care Finance and Economics, 2011, 11(2): 83-100.

[4] Mohammad, Hajizadeh. Out-of -pocket Expenditures for Hospital Care in Iran: Who is at Risk of Incurring Catastrophic Payments[J]. International Journal of Health Care Finance and Economics, 2011, 11(4): 267-285.

[5] Cheong C L, Lee T J. The Factors Influencing the Occurrence and Recurrence of Catastrophic Health Expenditure among Households in Seoul[J]. Health Policy and Management, 2012, 22(2): 275-296.

[6] Grogger Jeffrey, Arnold Tamara, Leon Ana Sofia, Ome Alejandro. Heterogeneity in the Effect of Public Health Insurance on Catastrophic Out-of -pocket Health Expenditures: the Case of Mexico[J]. Health Policy and Planning, 2015, 30(5): 395.

肯尼亚非正规居住区居民家庭灾难性医疗支出，认为家庭中就业的成年人以及社会安全网的数量会减少灾难性医疗支出[1]。

关于灾难性医疗支出的后果，世界卫生组织（WHO）报告（2000）指出个人自负医疗费用占家庭可支配收入比例大于 50% 以上时就有可能发生"因病致贫"[2]。瓦格斯塔夫（Wagstaff，2003）用两种方式讨论了家庭医疗支出对家庭状况的影响，一是导致家庭发生灾难性医疗支出，二是致使家庭处于贫困线以下，并分别从发生概率和严重程度两方面展开分析[3]。伊普（Yip，2009）指出重大疾病经济负担是造成贫困的主要影响因素[4]。学者们都注意到灾难性医疗支出与贫困之间的密切联系。

在如何避免灾难性医疗支出方面，霍尔曼（Hallman，1972）主张以没有限度的、更广泛覆盖的、费用分担的方案解决灾难性医疗支出问题[5]。哈维格斯（Havighurst，1976）提出通过保障和福利来承担灾难性医疗支出的策略[6]。巴尔切洛（Barcellors，2015）等认为扩大医保覆盖范围能够降低家庭医疗自付费用、减少家庭财务压力，从而减少中低收入家庭和贫困家庭的灾难性医疗支出发生概率[7]。沙里法（Sharifa，2017）等认为发展中国家灾难性医疗支出的产生原因是贫困、疾病类型和医疗保险，

[1] Buigut S, Ettarh R, Amendah D. Catastrophic Health Expenditure and its Determinants in Kenya Slum Communities[J]. International Journal for Equity in Health, 2015, 14(1): 46.

[2] WHO. The World Health Report 2000-Health Systems: Improving Performance, Geneva[R]: World Health Organization, 2000: 36-37.

[3] Wagstaff A, Van Doorslaer E. Catastrophic and Impoverrishment in Paying for Health Care: With Application to Vietnam 1993-1998[J]. Health Economics, 2003(11): 921-934.

[4] Yip W, Hsiao W C . How Effective is China's New Cooperative Medical Scheme in Reducing Medical Impoverishmen: Non-evidence-based Policy[J]. Social Science & Medicine, 2009(68): 201-209.

[5] G. Victor Hallman.True Catastrophic Medical Expense Insurance[J]. The Journal of Risk and Insurance, 1972, 39(1): 1-16.

[6] Clark C Havighurst, James F Blumstein, Randall Bovbjerg. Strategies in Underwriting the Cost of Catastrophic Disease[J]. Law and Contemporary Problems, 1976, 40(4): 122-195.

[7] Barcellos S H, Jacobson M. The Effects of Medicare on Medical Expenditure Risk and Financial Strain[J]. American Economic Journal: Economic Policy, 2015, 7(4): 41-70.

提出强制性社会医疗保险是预防灾难性医疗支出发生的有效手段[1]。

3. 大病保险制度实施研究

自 20 世纪 70 年代美国学者安霍恩（Alain C. Enthoven）提出医保管理型竞争理论以后，学界对于社会保险的性质与经办管理有了新的认识。管理型竞争理论认为在经办中引入竞争机制和商业保险公司并不会改变社会保险的性质，而且还能提高运行质量和效率。这种理论引发欧美发达国家的高度关注并逐渐成为现实。蒂尔凯（Turquet，2004）认为法国政府部门可与商业保险机构签订重大疾病保险承办合同，让商保机构参与重大疾病保险运营能提高制度运行效率，有利于发挥商保机构的专业性和鼓励其履行社会责任[2]。麦克唐纳（Macdonald，2006）认为大病医疗保险将会普遍采用政府购买服务方式，引入市场机制和利用行业间的竞争性，激励商保公司提升自身专业水平和办事效率，借助专业人员为参保者提供高保障水平，提升和改善医疗保障的水平[3]。范德文（Van de Ven，2007）分析了德国、瑞士、荷兰等国的重大疾病保险模式，发现确保重大疾病保险健康发展的方式是定期更换调整承办机构。选择标准基于对承办机构的运营能力、承办机构对大病保险基金保值增值的能力、参保人员对承办业务的满意程度等多方面的综合评估，既能促进商业保险机构之间良性竞争，又能保障大病保险基金的支付能力[4]。

————————

[1]　Sharifa E W P, Yasmin A. Catastrophic Health Expenditure among Developing Countries[J]. Health Research Policy and Systems, 2017, 04 (01): 57-67.

[2]　Pascale Turquet. A Stronger Role for the Private Sector in France's Health? [J]. International Social Security Review, 2004, 20 (5): 67-89.

[3]　Macdonald A, Pritchard D, Tapadar P. The Impact of Multifactorial Genetic Disorders on Critical Illness Insurance: A Simulation Study Based on UK Biobank[J]. The Journal of the IAA, 2006, 36(2): 311-346.

[4]　Van de Ven W P M M, Beck K, Van de Voorde C, et al . Risk Adjustment and Risk Selection in Europe: 6 Years Later[J]. Health Policy, 2007, 83(2): 162-179.

（二）国内研究现状

2010年以后，我国学者对大病保险的制度目标、性质定位、筹资机制、补偿模式、运行机制、基金收支、经办与监管、实施效果评价和政策改进等主题展开了广泛深入的探讨。

1. 大病保险制度性质与定位研究

多数学者认为大病保险具有准公共物品的属性，是基本医保制度的延伸，作用是进一步减少大病患者及其家庭的灾难性医疗支出。陈文辉（2013）认为城乡居民大病保险制度是介于基本医保和商业健康险之间的准公共物品，是基本医疗保障制度的延伸和拓展[1]。城镇居民医保和新农合为大病患者提供日常医疗报销，大病保险是更进一步的再次补偿。金维刚（2013）认为大病保险是基本医疗保险的新发展，是基本医疗保险的一个有机组成部分[2]。朱铭来（2013）认为大病保险的保障对象为城乡基本医保的参保居民，融资主体是城乡基本医保基金的结余，决定了现阶段大病保险只能是基本医保制度的完善和保障功能的延伸，而不是完全独立的一项新制度[3]。贾洪波（2017）认为大病保险具有明显的基本医疗保险属性，因此难以作为独立的补充保险存在，应当划分到基本医疗保险的范围之内[4]。

有的学者认为大病保险不是基本医保，应当视为补充保险。何文炯（2017）指出大病保险应当作为医疗保险的补充保险，进一步参与到城乡居民医疗保障体系之中[5]。王琬（2017）认为重大疾病保险具有补充保险的基本性质，应被视为补充保

[1] 陈文辉. 我国城乡居民大病保险发展模式研究 [M]. 北京：中国经济出版社，2013.

[2] 金维刚. 重特大疾病保障与大病保险的关系解析 [J]. 中国医疗保险，2013（08）：47.

[3] 朱铭来. 融资模式和补偿条件决定了大病保险的性质 [J]. 中国医疗保险，2013（08）：46-46.

[4] 贾洪波. 大病保险与基本医保关系之辨：分立还是归并？[J]. 山东社会科学，2017（04）：70-75.

[5] 何文炯. 大病保险制度定位与政策完善 [J]. 山东社会科学，2017（04）：65-69.

险的一个组成部分，提出基本保险、补充保险应与商业保险和慈善援助挂钩，形成多层次的医疗保障体系[1]。仇雨临等（2019）认为大病保险是医疗保障的重要组成部分，但是不同于医疗保险[2]。

关于大病保险的未来发展，仇雨临等（2014）认为城乡居民大病保险制度是具有过渡性的临时政策。随着基本医疗保险的发展和完善，大病保险的一些功能将会逐步补充到基本医疗保险中，大病保险将逐渐消失[3]。宋占军（2018）提出大病保险不是我国医疗保障体制改革的长期制度安排，而是一项可能持续 5 ~ 10 年的过渡性工作，未来将完全融入我国重特大疾病保障机制的系统之中[4]。与之相反，董曙辉（2013）认为大病保险应当作为一项独立的制度长期发展下去，并为之建立长效稳定的筹资机制[5]。何文炯（2017）认为大病保险如果只是过渡性的制度安排，那么只需要拓展已有的基本医保和医疗救助制度的保障范围和补偿水平即可，根本不需要专设大病保险制度而增加医疗保障体系的复杂性[6]。

2. 大病保险筹资与基金研究

在筹资问题方面，学界基本一致认同目前依靠基本医保基金为大病保险筹资不具备长期可持续性，但是在如何应对上具体意见不同。陈文辉（2013）认为以城镇医保、新农合基金结余为大病保险提供初始基金，该渠道的基金会因为额外的支出而导致不足，不能为大病保险提供多余助力[7]。吴海波（2014）指出由于大病保险筹资机制不完善，出现了经营该业务的保险公司全面亏损的局面，针对筹资渠道单

[1]　王琬，闫晓旭. 政府购买大病保险服务的政策演进路径研究 [J]. 江汉学术，2017，36（06）：5-11.

[2]　仇雨临，冉晓醒. 大病保险：为城乡居民筑牢"安全网" [J]. 群言，2019（9）：33-35.

[3]　仇雨临，黄国武. 大病保险运行机制研究：基于国内外的经验 [J]. 中州学刊，2014（1）：61-66.

[4]　宋占军. 城乡居民大病保险政策评估与制度优化研究 [M]. 北京：经济科学出版社，2018.

[5]　董曙辉. 关于大病保险筹资与保障范围的思考 [J]. 中国医疗保险，2013（04）：9-11.

[6]　何文炯. 大病保险制度定位与政策完善 [J]. 山东社会科学，2017（04）：65-69.

[7]　陈文辉. 我国城乡居民大病保险发展模式研究 [M]. 北京：中国经济出版社，2013.

一、筹资水平普遍较低的情况，应构建筹资动态机制，从提高筹资水平、拓宽筹资渠道、推行大病保险资金的专账管理制度、控制医疗费用入手[1]。蒋云赟（2014）运用代际核算方法进行模拟测算，结果表明如果政府筹资和个人缴费只按照生产率增长，"城居保"和"新农合"基金结余将无法保障大病保险可持续性，如果不额外增加政府负担，就有必要提高个人缴费[2]。何文炯（2014）认为从城乡居民基本医保基金中划出一定比例或额度作为大病保险资金在学理上不合规范，大病保险应单独筹资，尤其是应积极探索参保人个人缴费机制[3]。王琬（2014）对25个省市大病保险筹资机制与保障政策进行分析，认为建立大病保险单独筹资会增加城镇和农村居民家庭的经济负担，特别是对缴纳基本医疗保险都很困难的贫困家庭，应鼓励政府、企业和个人参与大病保险基金筹集以分担风险并保证制度财务平稳[4]。邓微、卢婷（2015）通过对全国重大疾病保险试点的，研究认为随着人口老龄化和医疗费用不断增加，从医疗保险余额中提取大病保险费用的原始方法将难以满足支付需要，建议重新设计并建立部分地区重大疾病保险筹资机制，建立个人缴费、政府财政补贴、民间资本、慈善捐款的多元化筹资体系[5]。田珍都等（2016）认为从基本医保基金中划转资金到大病保险，减少了基本医保基金规模并限制其保障能力提升，也难以对大病医疗费用形成充足和稳定的补偿[6]。李军山等（2017）以2015年江西省数据为基础对大病保险筹资水平进行测算，为合理确定筹资标准提供了参考[7]。

在大病保险基金研究方面，郑秉文等（2013）认为大病保险制度的可持续性严

———————————

[1]　吴海波.大病保险筹资动态调节机制研究[J].金融与经济，2014（5）：85-88.

[2]　蒋云赟.我国城乡大病保险的财政承受能力研究[J].财经研究，2014，40（11）：4-16.

[3]　何文炯.大病保险辨析[J].中国医疗保险，2014（07）：12-14.

[4]　王琬.大病保险业务的风险与机遇[J].中国保险，2014（10）：13-17.

[5]　邓微，卢婷.我国城乡居民大病保险筹资机制探讨——基于全国28个省市的样本分析[J].中国医疗保险，2015（08）：33-35.

[6]　田珍都，刘泽升.我国大病保险制度存在的问题和对策建议[J].行政管理改革，2016（02）：54-58.

[7]　李军山，戴婷婷，吴海波，陈永成.大病保险筹资标准的理论和实证分析[J].国外医学卫生经济分册，2017，34（01）：5-8.

重依赖基本医保制度的财务可持续性。各地区基本医保基金财务状况不同，甚至同一地区不同时间段基本医保财务状况也存在差异，给大病保险制度的可持续性带来不确定性[1]。宋占军等（2014）对 31 个省（区、市）的城镇居民医保体系的可持续性进行预测，发现大病保险制度推广而造成城居保基金赤字的风险很大，需要优化城居保和大病保险的保障范围和保障水平，并且合理控制医疗费用增长[2]。张志来等（2015）分析安徽省大病保险基金并评估未来支付压力，从资金、费用支出和监管方面提出了保障制度可持续发展的对策建议[3]。周绿林、张心洁（2016）根据大病保险基金收支情况的精算分析和敏感性测试，指出如果维持当前单一的筹资标准，大病保险基金将面临经营压力和资金赤字风险，甚至影响新农合基金的可持续运作[4]。梅乐（2017）认为基金收支平衡是决定大病保险制度可持续发展的关键因素，为防止出现赤字，建议政府加大资金投入、加强基金监督管理和给予商业保险公司政策优惠以提高承保积极性[5]。赵美颖（2019）对河北省未来十年大病保险基金的收支和累计结余进行预测，认为在低水平报销之下，基金在一段时间内是具有可持续性的，但是在高水平报销之下，基金出现赤字，从长远看需要对筹资标准进行动态调整并拓宽筹资渠道，减少不必要的基金支出[6]。

――――――――――

[1] 郑秉文，张兴文. 一个具有生命力的制度创新：大病保险"太仓模式"分析 [J]. 行政管理改革，2013（06）：21-29.

[2] 宋占军，朱铭来. 大病保险制度推广对各地城居医保基金可持续性的影响 [J]. 保险研究，2014（01）：98-107.

[3] 张志来，秦立建. 中国大病医疗保险基金未来支付能力研究 —— 以安徽省为例 [J]. 财贸研究，2015，26（03）：112-119.

[4] 周绿林，张心洁. 大病保险对新农合基金可持续运行的影响研究 —— 基于江苏省调研数据的精算评估 [J]. 统计与信息论坛，2016，31（3）：34-43.

[5] 梅乐. 城乡居民大病保险基金的运营绩效及承受能力研究 —— 基于 H 省的实证分析 [J]. 华中农业大学学报（社会科学版），2017（6）：133-139.

[6] 赵美颖. 河北省城乡居民大病保险基金可持续性研究 [D]. 燕山大学硕士学位论文，2019.

3. 大病保险补偿方案研究

关于补偿标准，沈焕根等（2013）认为大病保险的最终目的是解决患者的看病费用问题，以费用划分更为科学合理，目前有些省市按照疾病病种划分补偿标准欠妥[1]。王琬（2014）认为以医疗费用为补偿标准，更能体现大病保险的公平性，更具操作性[2]。徐伟（2015）认为按病种付费能在一定程度上控制药品与耗材使用，降低住院天数和减少治疗费用[3]。顾海等（2019）认为单独从病种或医疗支出来界定大病存在一定的局限性，应当综合考虑病种和医疗费用来界定大病保险可报销的重大疾病[4]。

关于保障范围，张霄艳等（2016）认为各地确定大病保险保障范围多沿用基本医疗保险目录，出现了人人有份的普惠性现象，因患重特大疾病而发生高额费用的困难人群的自付和自费负担仍然较重，防范灾难性卫生支出的目标未能实现，建议合理确定保障范围[5]。何文炯（2017）调查研究治疗费用损失分布后提出，大病保险保障责任范围不能仅限于基本医保目录范围，也应将有关重大疾病的药品和耗材列入大病保险保障范围[6]。董朝晖（2017）认为高费用段的自付费用主要来自"目录外"费用，为防范因病致贫，有必要对大病患者"目录外"费用给予照顾，而大病保险"合规费用"的提出为其突破基本医保目录提供了政策依据[7]。

对补偿水平的研究主要围绕起付线、封顶线和补偿比例设置、影响保障水平的

———————————

[1]　沈焕根，王伟.大病保险按病种划分公平吗？[J].中国医疗保险，2013（04）：12-13.

[2]　王琬.大病保险筹资机制与保障政策探讨——基于全国25省《大病保险实施方案》的比较[J].华中师范大学学报（人文社会科学版），2014，53（03）：16-22.

[3]　徐伟.我国城镇基本医疗保险体系完善研究——基于筹资与补偿的视角[M].北京：科学出版社，2015.

[4]　顾海，许新鹏，杨妮超.城乡居民大病保险制度实施现状、问题及运行效果分析[J].中国卫生经济，2019，38（01）：24-26.

[5]　张霄艳，戴伟，赵圣文，方鹏骞.大病保险保障范围现况及思考[J].中国医疗保险，2016（05）：30-32.

[6]　何文炯.大病保险制度定位与政策完善[J].山东社会科学，2017（04）：65-69.

[7]　董朝辉.大病保险政策的关键问题探讨[J].中国医疗保险，2017（07）：15-19.

因素等。王琬（2014）认为地方政府可根据本地基本医保基金收支情况，逐步适当地降低起付线额度，在推进大病保险过程中逐步提高统筹层次，在经济发展水平和医疗发展水平达到预期时可以考虑取消封顶线[1]。钱文强等（2016）则认为当前许多地区的起付标准过低，分散了基金力量，降低了大病保险在应对高额医疗费用时的作用[2]。宋占军、朱铭来（2015）认为有无封顶线对于基金支付压力的影响甚微，但是前提条件是大病保险能够实现较高层次的统筹，基金总额较大[3]。丁一磊等（2017）以实际补偿比作为测度指标，分析了影响大病保险保障水平的因素，发现合规费用占比、筹资水平对提高实际补偿比有显著正向作用，大病人均医疗费用、大病保险受益面和人均纯收入则对提高实际补偿比有显著负向作用[4]。刘彤彤等（2018）认为应根据各地具体状况确定合理的补偿范围和补偿比例。补偿范围越大，补偿比例越低，受益者数量越多，补偿费用相对较低而成本较高。反之，受益者数量越少，补偿费用相对较高，虽然成本较低，但基金补偿压力较大[5]。仇春涓（2022）认为补偿方案中如何设置补偿区间，合理的区间数量应为多少，对大病保险补偿水平产生直接影响[6]。

4. 大病保险制度运行效果评价

对大病保险制度运行效果的评价，主要集中于对制度实施前后报销比例、患者自付费用和医疗费用、灾难性医疗支出发生情况等方面。

[1]　王琬. 大病保险筹资机制与保障政策探讨 —— 基于全国 25 省《大病保险实施方案》的比较 [J]. 华中师范大学学报（人文社会科学版），2014，53（03）：16-22.

[2]　钱文强，吕国营. 重特大疾病风险、多层次与精准施策 [J]. 中国医疗保险，2016（06）：14-17.

[3]　宋占军，朱铭来. 大病保险应设计精准化方案 [J]. 中国卫生，2015（09）：60-61.

[4]　丁一磊，杨妮超，顾海. 中国农村居民大病保险保障水平影响因素实证研究 [J]. 现代经济探讨，2017（10）：111-116.

[5]　刘彤彤，周绿林，詹长春，周丽金. 大病保险实施效果评价指标体系构建及应用 [J]. 中国卫生经济，2018，37（09）：27-29.

[6]　仇春涓，高姝慧，钱林义. 我国大病保险最优补偿分段方式与区间数量研究 [J]. 应用概率统计，2022，38（01）：138-150.

段婷等（2015）认为大病保险实施后医疗报销比有所提高[1]。项莉等（2015）分析西部 L 市农村居民大病保险补偿模式和补偿效果，认为大病保险能够降低患者自付费用[2]。吴群伟（2017）通过研究发现大病保险整体上提高了报销比例，但是高额医疗费用负担人数未明显下降，认为"撒胡椒面"式做法减弱了大病保险资金的功能[3]。蒋俊男等（2019）认为我国大病保险有效地减轻了高额医疗费用患者的短期与长期经济负担，减少了灾难性医疗支出[4]。李璐（2019）指出大病保险增加了高额医疗费用的发生率[5]。赵为民（2019）发现大病保险增加了农村居民的日常消费，但是对医疗费用的影响不显著[6]。蒋俊男等（2020）通过研究大病保险对老年人脑血管疾病负担的影响，发现大病保险的实施并未有效地降低患者的自付费用，还降低了患者的实际报销比，增加了目录外医疗费用[7]。李亚青、罗耀（2020）认为大病保险显著提高了老年人和低收入群体的医疗服务利用水平和住院补偿水平，但是自付费用和自费负担并未显著降低，灾难性医疗支出发生率还有上升趋势[8]。

[1] 段婷，高广颖，马骋宇，贾继荣，马千慧，那春霞. 北京市新农合大病保险实施效果分析与评价 [J]. 中国卫生政策研究，2015，8（11）：41-46.

[2] 项莉，罗会秋，潘瑶，李聪，张颖. 大病医疗保险补偿模式及补偿效果分析 —— 以 L 市为例 [J]. 中国卫生政策研究，2015，8（03）：29-33.

[3] 吴群伟，陈俊林. 防范因病致贫需要医保多层次整体发力 —— 以浙江省义乌市为例 [J]. 中国医疗保险，2017（01）：37-40.

[4] Jiang J, Chen S, Xin Y, et al. Does the Critical Illness Insurance Reduce Patients' Financial Burden and Benefit the Poor More: A Comprehensive Evaluation in Rural Area of China[J]. Journal of Medical Economics, 2019, 22 (5): 455-463.

[5] Li L, Jiang J, Xiang L. Impact of Critical Illness Insurance on the Burden of High-cost Rural Residents in Central China: An Interrupted Time Series Study[J]. International Journal of Environmental Research and Public Health, 2019, 16(19): 3528.

[6] Zhao W. Does Health Insurance Promote People's Consumption? New Evidence from China[J]. China Economics Review, 2019(53): 65-86.

[7] 蒋俊男，李璐，王雪峰，项莉. 大病保险对降低老年人脑血管疾病负担效果研究 —— 基于间断时间序列模型 [J]. 中国医院管理，2020，40（06）：83-85.

[8] 李亚青，罗耀. 大病保险是否改善了医疗弱势群体的保障状况 —— 以老年人和低收入群体为例 [J]. 广东财经大学学报，2020，35（06）：100-110.

　　王超群等（2014）根据某市城乡居民医疗负担调查数据进行测算，发现大病保险对该市城乡居民家庭灾难性卫生支出影响较弱；认为这主要是制度设计本身的问题，与制度由谁经办无关[1]。毛瑛等（2015）对旬邑市某一时期的数据分析，发现大病保险报销前后灾难性卫生支出发生率下降[2]。马千慧等（2015）利用北京三个区县的数据测算家庭灾难性医疗支出发生概率变化，描述性统计结果显示大病保险实施前后家庭灾难性医疗支出发生率降低了 2.21%，但是卡方检验的结果显示在统计上不显著[3]。徐维维等（2019）发现大病保险对降低灾难性卫生支出相对差距有统计学意义[4]。李勇等（2019）发现大病保险从总体上降低了中老年人家庭灾难性卫生支出的发生率，但没有显著降低其发生强度[5]。李庆霞等（2020）基于 CHARLS 微观面板数据，运用双重差分模型研究大病保险是否减轻了家庭灾难性医疗支出，发现大病保险对降低灾难性卫生支出有统计学意义[6]。

　　此外，有学者围绕大病保险与健康、大病保险与收入再分配、大病保险与反贫困等展开制度效应研究。赵为民（2020）采用中国家庭追踪调查（CPFS）数据，运用多重差分法分析大病保险实施的健康效应，发现其能够显著改善农村居民的健康水平而且该效应具有长期性[7]。黄家林等（2021）运用中国老年人健康影响因素

　　[1]　王超群，刘小青，刘晓红，顾雪非 . 大病保险制度对城乡居民家庭灾难性卫生支出的影响——基于某市调查数据的分析 [J]. 中国卫生事业管理，2014，31（06）：433-436.

　　[2]　毛瑛，朱斌，刘锦林，吴静娴，井朋朋，李昱晨，宋晓阳 . 我国大病保险政策评价：基于旬邑县的实证研究 [J]. 中国卫生经济，2015，34（08）：10-14.

　　[3]　马千慧，高广颖，马骋宇，贾继荣，那春霞，俞金枝，段婷 . 新型农村合作医疗大病保险受益公平性分析：基于北京市三个区县的数据分析 [J]. 中国卫生经济，2015，34（10）：54-57.

　　[4]　徐维维，许汝言，陈文，胡敏 . 大病保险对农村居民医疗费用负担及其公平性影响 [J]. 中国卫生经济，2019，38（7）：23-26.

　　[5]　李勇，周俊婷，赵梦蕊 . 大病保险对我国中老年人家庭灾难性卫生支出影响实证分析 [J]. 中国卫生政策研究，2019，12（06）：41-46.

　　[6]　李庆霞，赵易 . 城乡居民大病保险减少了家庭灾难性医疗支出吗 [J]. 农业技术经济，2020（10）：115-130.

　　[7]　赵为民 . 新农合大病保险改善了农村居民的健康吗？ [J]. 财经研究，2020，46（01）：141-154.

跟踪调查数据（CLHLS）分析大病保险对老年人死亡率的影响，发现大病保险能够使老年人月死亡率下降 0.22 个百分点，死亡人数下降 15% 左右[1]。王黔今（2019）使用贵州两市（州）入户数据的研究发现，大病保险使与身份相关的健康不平等现象得到了改善，与经济收入相关的健康不平等现象虽有所改善但存在不足[2]。许新鹏等（2022）运用 CHARLS 三期数据，采用双重差分模型和准自然实验框架分析大病保险对医疗服务利用和健康的影响及作用机制，认为大病保险能够显著促进中老年居民住院医疗服务及健康，但对低收入群体的效应有待进一步完善[3]。李华等（2018）利用中国健康与养老追踪调查（CHARLS）2011 年和 2013 年两期数据分析大病保险对因病致贫的缓解效应，发现大病保险的实施显著缓解"因病致贫"，对于住院或农村居民、患有慢性病或重大疾病的靶向群体、中低收入与中轻度贫困群体的效果更显著[4]。高健等（2021）认为新农合大病保险能够使家庭消费增加4.25%[5]。陈中南等（2022）采用 CFPS 数据，运用双重差分法分析大病保险对家庭贫困指标的影响，发现大病保险显著降低家庭处于绝对贫困的可能性，认为大病保险政策的减贫效应具有时间上的延续性[6]。

5. 大病保险经办与监管研究

20 世纪 90 年代，我国在农村医疗和养老保障方面都曾有过商业保险公司参与

[1] 黄家林，傅虹桥．补充医疗保险对老年人死亡率的影响：以大病保险为例 [J]．世界经济，2021，44（10）：179-200.

[2] 王黔今．统筹城乡居民大病保险制度效应研究 [J]．公共管理学报，2019，16（04）：96-107+173.

[3] 许新鹏，顾海．大病保险对中老年居民医疗利用及健康的影响——基于 CHARLS 数据的实证检验 [J]．人口与发展，2022，28（01）：16-29.

[4] 李华，高健．城乡居民大病保险治理"因病致贫"的效果差异分析 [J]．社会科学辑刊，2018（06）：124-141.

[5] 高健，丁静．"病有所医"能促进农村居民消费吗？——来自新农合大病保险试点的证据 [J]．消费经济，2021，37（04）：53-62.

[6] 陈中南，孙圣民．大病保险的减贫效果研究——基于 CFPS 数据的实证分析 [J]．暨南学报（哲学社会科学版），2022，44（03）：24-39.

经办社会保险的实例，但是结果都以失败告终[1]。大病保险是采取社保经办还是商保经办，一度引起广泛争议。目前，多数地区选择由商保经办。徐伟等（2014）以江苏省为样本对商保经办大病保险的补偿情况进行分析，发现商保经办对提高保障水平有一定效果[2]。刘允海（2015）通过对多地商保经办情况的研究认为，商保机构对提高大病保险保障水平并无专业优势[3]。黄华波（2015）研究商保经办是否真的能够发挥本身长处，发现其承办大病保险的成本较高，利润较低，承保积极性不高[4]。吴海波（2015）指出大病保险经办存在着长效资金不充足、定价不合理、控费机制不健全和恶性竞争等多重风险因素，提出应完善筹资机制、规范经营管理秩序、严格药品监管[5]。刘洋（2016）认为商保公司的服务能力与服务水平受专业人员素质影响较大，应加强人才队伍建设[6]。李军山等（2017）对江西省保险公司承办大病保险现状展开调研，指出其存在盈利率偏高、赔付率普遍偏低、实际报销比偏低、管理效率有待提高等问题，认为原因主要在于对"保本微利"原则认识不统一、筹资标准制定缺乏科学依据、保险公司专业优势未能充分发挥、风控管理意识和盈利能力不足[7]。魏哲铭等（2017）调查西安市商保机构的管理费用，发现随着管理费用的逐年增加，政府拨款进度滞后于赔付时间进度，商保资金的垫付压力较大，而且信息平台建设资金投入较高，运营成本不断提高[8]。于保荣等（2018）认

[1]　乌日图．关于大病保险的思考[J]．中国医疗保险，2013（01）：13-16．

[2]　徐伟，李梦娇．商业保险机构经办大病保险的效果与条件——基于江苏省五市的案例分析[J]．中国卫生政策研究，2014，7（03）：43-48．

[3]　刘允海．大病保险经办能力实证分析[J]．中国医疗保险，2015（09）：37-39．

[4]　黄华波．大病保险的制度特性与经办模式分析[J]．中国社会保障，2015（08）：8-11．

[5]　吴海波．城乡居民大病保险风险识别与防范研究[J]．西南金融，2015（11）：28-31．

[6]　刘洋．城乡居民大病保险问题与对策研究——以陕西省为例[J]．西安交通大学学报（社会科学版），2016，36（6）：75-78．

[7]　李军山，何媛媛，吴海波，李永强．江西省商业保险公司承办大病保险的问题、原因及对策[J]．卫生经济研究，2017（03）：29-34．

[8]　魏哲铭，贺伟．城乡居民大病保险制度实施困境与对策——以西安市为例[J]．西北大学学报（哲学社会科学版），2017，47（04）：107-113．

为保险机构在承办工作过程中并不是呈现主动状态，优势发挥得并不明显[1]。乔丽丽、李涛（2018）对商业保险机构经办效率进行 DEA 分析，发现其经办效率呈现下降趋势[2]。蒋伊石等（2019）认为商保承办符合我国现阶段实际情况，可使政府、商保机构和参保人三方实现利益最大化[3]。朱铭来等（2020）指出商保承办中制度衔接、承办专业性、信息对接、招投标流程设计以及亏损界定等方面都存在较为明显的问题[4]。

在大病保险监督方面，李玉华（2016）认为在政府购买、商保承办的运作模式下，政府应对大病保险相关决策进行整体规划，包括合同签订、资金筹措等，尤其是应当加强对大病保险制度的监督管理[5]。李亚青（2017）认为在政府购买服务的发展模式下，有效监管是保障和提升大病保险制度效果的关键环节，并从监管责任、主体、内容、方式和手段等方面对当前大病保险监管存在的主要问题进行分析，指出应重新明晰政府责任边界、建立多部门沟通协商机制、尽快制定省级统一招标规范、建立完善的绩效评估机制、大力推行信息共享和数字化监管手段，以实现有效监管[6]。李华等（2018）认为影响监督的重要因素是信息，只有大病保险的各参与方掌握了充足的信息，制度才能更好地运行；主张开发和应用先进管理软件、建立

[1] 于保荣，柳雯馨，姜兴坤，陈正，彭文潇，王振华.商业保险公司承办城乡居民大病保险现状研究 [J].卫生经济研究，2018（03）：3-6.

[2] 乔丽丽，李涛.商业保险机构经办城乡居民大病保险的效率研究 [J].卫生经济研究，2018（10）：79-85.

[3] 蒋伊石，邵晓军.商业保险公司承接大病保险建立整合式医疗案例研究 [J].中国卫生经济，2019，38（05）：36-38.

[4] 朱铭来，解莹，李海燕.大病保险委托商保承办的现状及问题分析 [J].中国医疗保险，2020（03）：18-22.

[5] 李玉华.城乡居民大病保险制度运作中的政府职责——基于政府购买公共服务的视角 [J].南方金融，2016（04）：81-86.

[6] 李亚青.政府购买服务模式下的大病保险有效监管研究 [J].中国卫生政策研究，2017，10（04）：24-30.

完善的信息管理系统、全面提高大病保险的信息管理水平和服务能力[1]。王奕婷等（2022）对湖南省大病保险政策实施进行评估，认为目前商保机构对医疗巡查力度不足、异地就医监管难度很大，提出应加快建立面向承办机构的动态监管体系、完善面向医疗供需主体的全过程监管机制[2]。

（三）研究评述

大病保险受到各国政府高度关注。为民众提供基本的医疗卫生保障，有效减轻其就医困难是所有国家的初衷。国外关于大病保险的探索较早，目前已经形成了较为成熟的研究体系。国内学者主要集中于对大病保险的缘起与目的、属性与定位、典型模式、制度设计、运行情况和未来发展方向等进行研究。大多数研究都只针对大病保险制度本身。而我国城乡居民大病保险与多层次医疗保障体系、重特大疾病保障体系的构建和发展息息相关，现阶段的研究没有将大病保险置于整个医疗保障框架下进行考虑，缺乏整体性视角。大病保险涉及公共物品理论、福利多元主义理论、政府与社会合作理论、信息不对称理论、健康需求理论等，目前的研究在结合理论进行分析方面还不够深入。此外，目前国内对大病保险制度的研究以定性研究为主，在定量研究上多数只是通过调查或调取大病患者医疗费用数据计算相关指标，通过数据描述及检验对大病保险进行考察。在实证研究上，较多的是就某地区的大病保险对灾难性医疗支出的影响进行分析，或就利用某地或某种疾病的医疗支出数据对大病保险资金需求进行测算；小样本数据彼此之间缺乏可比性，而且研究成果缺乏推广价值。因此，本书将集中于中观角度，在"保障功能 — 保障内容 — 保障效果 — 保障能力"的理论分析框架下，关注大病保险保障问题，希望为我国大病保险制度的进一步发展，为我国多层次医疗保障体系和重特大疾病保障体系的完善提供理论构架、经验借鉴和设计参考。

---

[1]　李华，高健. 城乡居民大病保险治理"因病致贫"的效果差异分析 [J]. 社会科学辑刊，2018（06）：124-141.

[2]　王奕婷，王运柏. 完善城乡居民大病保险制度的思考 —— 以湖南省为例 [J]. 中国医疗保险，2022（04）：63-68.

四、研究内容与研究方法

笔者在我国全面实施城乡居民大病保险的政策背景下，借鉴国内外相关文献，基于保障视角，依据我国城乡居民大病保险政策及相关数据，采用定性与定量相结合的方法，针对大病保险制度最为关键的保障效果和保障能力问题，重点对大病保险制度缓解家庭灾难性医疗支出的效果和大病保险基金收支及结余进行定量研究，并在研究结论基础上提出相应建议。

（一）研究内容

本书分为七个章节，主要内容如下：

第一章，绪论。该部分主要说明研究背景、选题的理论和现实意义，回顾和梳理国内外相关研究成果，明确研究思路和方法，分析本书的创新点与不足。

第二章，相关概念界定与理论基础。首先对本书涉及的基本概念进行界定。其次阐述本书的理论基础，包括公共物品理论、健康需求理论和信息不对称理论。

第三章，大病保险制度的保障功能与保障内容。大病保险制度的沿革和当前的实施运行现状是研究的实践基础和逻辑起点。首先回顾我国大病保险制度的发展历程并对重要政策文件进行介绍。其次阐明大病保险制度目标与保障功能，从而推动准确把握大病保险制度属性和定位。最后对大病保险制度内核与保障内容，从保障对象、保障范围和保障水平三个方面展开详细论述。

第四章，大病保险制度保障效果研究。从大病保险制度的受益率、实际报销比、减轻医疗费用负担三个维度对保障效果进行评价。在评估大病保险减轻医疗费用经济负担效果时，选取中国家庭追踪调查数据（CFPS）2010年、2016年、2018年三期面板数据，采用Logit回归和线性回归分析大病保险对灾难性卫生支出的影响。具体而言，先采用Logit混合回归模型和Logit双向固定效应模型分析大病保险对灾难性卫生支出发生率的影响，再使用Probit混合回归模型和随机效应模型进行稳健性检验。对于已经发生灾难性卫生支出的家庭，采用线性回归的混合回归模型和双向固定效应模型分析大病保险对灾难性卫生支出强度的影响，再使用 Tobit 混合回归和随机效应模型进行稳健性检验。

第五章，大病保险制度保障能力研究。大病保险的基金收支与结余情况反映制度保障能力是否具有可持续性。根据我国大病保险的筹资方式和补偿方式，分析基金收入端和支出端的影响因素，构建基金收入模型、支出模型和结余模型，测算2019 年各省（区、市）大病保险基金当期结余和未来十年内基金累计结余情况，依据测算结果分析各地区的大病保险基金收支平衡的可持续性。

第六章，大病保险制度运行面对的问题及分析。现阶段大病保险运行面对的问题主要集中于：制度受益率不高；补偿支付责任边界模糊；制度补偿效果有待进一步提升；基金收支平衡可持续性较弱；商业保险公司经办效率不高。经过具体深入地分析，发现其原因是：第一，补偿方案不尽合理，补偿机制不够精准。第二，筹资机制尚不完善，加上医疗费用快速上升引发基金风险。第三，主办与承办机构之间委托代理关系不全。第四，制度定位不清，与其他医保制度衔接不畅。因此，有待进一步完善大病保险制度和深化改革来解决。

第七章，大病保险制度优化策略。在前面六章内容基础上提出有针对性的建议。首先，明确制度定位，加强与其他医保制度衔接并积极推进构建重特大疾病保障体系。其次，科学设计保障内容，优化补偿方案。在保障人群上，加大对社会脆弱群体卫生服务需求的关注。在保障范围上，进一步拓展"合规费用"范围。在补偿水平上，逐步提高大病保险实际报销比。再次，完善筹资机制，增强制度财务平衡能力，可以从拓展筹资渠道，建立动态调整、可持续的筹资机制，稳步提高统筹层次，统筹发展、建立城乡一体化大病保险等方面着手。最后，健全大病保险的经办体制和监督管理体制。这需要加强法制与法治建设，保障制度运行和监管合法；健全经办体系，提高经办主体服务能力；强化监督管理。

（二）研究方法

本书运用公共物品理论、健康需求理论和信息不对称理论，在文献综述、实践沿革、理论分析中提出大病保险制度"保障功能—保障内容—保障效果—保障能力"的分析框架，遵循社会科学"理性分析—实证研究—政策设计"的研究范式，采取文献综述与理论分析、制度分析与比较研究、统计分析、实证研究等方法。

1. 文献综述和理论分析法

笔者通过查阅大量国内外相关文献，梳理了高额医疗费用、灾难性医疗支出、大病保险制度运行、制度性质与定位、筹资与基金、制度补偿方案、制度实施效果评价、经办与监管等方面的研究成果，整理了影响大病保险制度的保障效果和保障能力的理论基础，阐释了制度的保障功能与保障内容，分析了衡量制度保障效果的指标和影响制度可持续性的因素，为研究提供了理论支撑。

2. 制度分析与比较研究

第一，对我国2012—2022年期间和大病保险相关的政策性文件资料进行整理，了解我国大病保险的政策导向与发展脉络。第二，对我国2012年启动局部试点以来的大病保险数据资料进行整理，通过对大病保险参保人数、受益人数、筹资标准、保险报销比等指标进行衡量和比较，把握大病保险的现状与发展动态。第三，对各地区大病保险基金的当期结余和累计结余情况进行对比，了解各地区大病保险保障能力可持续性的差异。

3. 实证研究法

在大病保险制度的保障效果方面，本书选取中国家庭追踪调查数据（CFPS）2010年、2016年、2018年三期面板数据，运用Logit回归和线性回归分析大病保险对灾难性医疗支出的影响。在分析大病保险对灾难性医疗支出发生率的影响时，采用Logit混合回归模型和Logit双向固定效应模型进行分析，并使用Probit混合回归模型和随机效应模型进行稳健性检验。在分析大病保险对灾难性医疗支出发生强度的影响时，采用线性回归的混合回归模型和双向固定效应模型进行分析，并使用Tobit混合回归和随机效应模型进行稳健性检验。在大病保险保障能力可持续性研究方面，建立大病保险基金的收入、支出与结余模型，依据2020年《中国统计年鉴》和《中国卫生健康统计年鉴》数据和相关假定，对 2019 年我国各省（区、市）大病保险基金的收入、支出和当期结余进行测算。在测算各省（区、市）未来十年内大病保险基金累计结余时，先构建居民次均住院费用与住院率的回归模型，再结合其他重要参数假定进行测算，借助数据来了解大病保险制度基金长期收支平衡面对的挑战。

五、创新点与不足

（一）可能的创新之处

本书以健康经济学、信息经济学、社会保险学、统计学等理论与方法为基础，从保障视角出发，关注大病保险制度的保障功能、保障内容、保障效果和保障能力等核心问题。创新点在于：第一，研究内容的创新。既往研究往往关注大病保险与贫困、大病保险与居民消费、大病保险与收入再分配的关系以及大病保险所发挥的作用。然而，"保险姓保"，大病保险这一社会化保险机制的本质功能在于保障，制度的生命力取决于保障功能的实现。本书某些方面的研究内容在以往大病保险相关研究中虽有学者进行过探讨，但是系统化的全面研究并不多。基于保障视角探讨大病保险制度，从制度的保障目标和保障功能出发，对保障效果进行客观评价并对保障能力的可持续性进行预测，能够丰富大病保险的研究内容。第二，研究资料的创新。以往关于大病保险制度实施效果评价研究多采用特定区域范围内的调查数据或只反映特定群体的数据。本书在对大病保险制度的保障效果进行评价时使用中国家庭追踪调查数据（CFPS），是一个覆盖全国样本的数据库，具有调查覆盖地域广、样本特征多样化、时间跨度大等特征，得出的估计结果更接近总体，分析结果更具代表性，政策建议更具推广性。而且，使用的是三期 CPFS 数据，包括大病保险试点前和大病保险全面实施后的不同年份，为研究大病保险制度的保障效果提供了充分的、适宜的数据条件。本书在对大病保险保障能力进行测算时使用《中国统计年鉴 2020》和《中国卫生健康统计年鉴 2020》提供的最新数据，有助于提高测算的准确性。第三，研究方法的创新。本书研究采取定性与定量相结合的研究方法。在实证方面，对大病保险缓解灾难性医疗支出的效果评价选取 CFPS 三期数据，围绕大病保险对灾难性医疗支出发生率和发生强度的影响，采用 Logit 回归模型和线性回归模型，并分别运用 Probit 模型和 Tobit 模型进行稳健性检验，为检验大病保险减轻医疗费用负担情况提供了全国层面的实证数据。对大病保险保障能力可持续性的研究，在测算未来十年内各省（区、市）大病保险基金累计结余时，构建了居民次均住院费用与住院率这两个影响基金支出的重要参数的回归模型，并结合其他参数假定进行测算，借助数据来了解大病保险基金长期收支平衡面临的压力。

（二）不足之处

本书的不足之处主要在于：第一，关于大病保险制度实施效应的相关研究成果较多，有的学者研究大病保险缓解灾难性医疗支出的效果，有的学者关注大病保险对城乡居民医疗卫生服务利用的影响或大病保险对居民健康和对家庭消费的影响，有的学者评估大病保险的减贫效应等。本书基于我国大病保险制度目标和保障功能，主要探讨大病保险在缓解医疗费用负担方面对于灾难性医疗支出的发生率和发生强度的影响，没有对大病保险在其他方面的制度效应进行研究。此外，对于不同地区、收入和健康状况的家庭，大病保险化解家庭灾难性医疗支出的效应存在异质性。本书因受研究范围限制，对此并未展开详细探讨。第二，对于大病保险保障能力的可持续性研究，由于现阶段我国大病保险的主要资金是从基本医疗保险基金中划拨，大病保险是基本医保的"二次报销"机制，大病保险基金收支问题不仅与大病保险制度本身的收入和补偿支出相关，还与基本医保制度的设计和基本医保的基金状况高度相关。受研究范围所限，本书对基本医保基金的探讨不能完全展开，在一定程度上影响对此问题的研究深度。

第二章　相关概念界定与理论基础

一、相关概念界定

（一）灾难性医疗支出

灾难性医疗支出，也称为灾难性卫生支出（Catastrophic Health Expenditure，CHE），是国际上评价一国居民医疗经济负担水平的主要指标，也是衡量大病的关键指标。灾难性医疗支出会降低未来个人收入和健康水平，进一步增加未来个人医疗服务支出，导致家庭的消费水平和生活质量大幅降低甚至陷入贫困。

国外对于家庭灾难性医疗支出有多种界定方法，并没有统一标准，总结起来主要有三种定义。第一种是从临床医学角度出发，疾病的诊断和治疗费用达到国际疾病分类标准定义的"灾难性"等级，就认为发生了家庭灾难性医疗支出[1]。第二种

[1] Murray C J L，Xu K, Klavus J, et al. Assessing the Distribution of Household Financial Contributions to the Health System: Concepts and Empirical Application[M]. Health Systems Performance Assessment: Debates, Methods and Empiricism. Geneva: World Health Organization, 2003.

是从社会福利角度来看，认为医疗卫生支出在一个家庭的整体收入或者支出中占据了相当大的比重，该家庭就出现了灾难性医疗支出[1]。第三种是在一定的时期内按一定的标准确定家庭支付能力的阈值，当花费的医疗费用达到这一阈值时可认定该家庭出现灾难性医疗支出[2]。第三种观点被广泛接受。其测算方法具体又分为两种：一种是当家庭医疗费用支出超过家庭总消费支出的10%[3]；另一种是当家庭医疗支出占家庭非食品性消费支出的比重超过40%，视为发生灾难性医疗支出[4]。这两种测算方法的区别在于是否剔除家庭食品支出。后者予以剔除，可以避免在测量低收入家庭灾难性卫生支出过程中出现偏差。世界卫生组织（WHO，2003）也是采取这种方法，将家庭医疗支出等于或超过家庭非食品支出的40%称为灾难性医疗支出[5]。国内吴群红等（2012）以家庭医疗费用支出占家庭可支付能力的40%作为发生灾难性医疗支出的判断标准[6]。朱铭来等（2017）认为我国家庭灾难性医疗支出的标准应为家庭自负医疗费用支出占家庭年度收入的44.13%[7]。

总体而言，国内外较多的做法是以40%左右作为衡量灾难性医疗支出发生的标准。相关文献普遍会按照不同群体分别设置多个阈值，并分别在各个阈值标准下测算灾难性医疗支出发生率，通常设置的阈值是三四个，而且大多不超过40%。瓦

[1] Ke Xu, David B Evans, Kei Kawabata et al. Household Catastrophic Health Expenditure: A Multicountry Analysis[J]. Lancet, 2003(362)：111-117.

[2] Sun X, Jackson S, Carmichael G, et al. Catastrophic Medical Payment and Financaial Protection in Rural China: Evidence from the New Cooperative Medical Scheme in Shandong Province [J]. Health Economics ,2009,18(1): 103-119.

[3] Wagstaff A, Van Doorslaer E,Catastrophic and Impoverrishment in Paying for Health Care: With Applications to Vietnam 1993-1998 [J]. Health Economics ,2003,12(11):921-933.

[4] Rahman M, Gilmour S, Saito E, Sultana P, Shibuya K. Health-Related Financial Catastrophe Inequality and Chronic Illness in Bangladesh[J]. PLOS ONE, 2013(8): 56873.

[5] Ke Xu, David B Evans, Kei Kawabata, et al. Household Catastrophic Health Expenditure: A Multicountry Analysis[J]. Lancet, 2003(362)：111-117.

[6] 吴群红，李叶，徐玲，郝艳红 . 医疗保险制度对降低我国居民灾难性卫生支出的效果分析 [J]. 中国卫生政策研究，2012，5（09）：62-66.

[7] 朱铭来，于新亮，王美娇，熊先军 . 中国家庭灾难性医疗支出与大病保险补偿模式评价研究 [J]. 经济研究，2017，52（09）：133-149.

格斯塔夫（Wagstaff，2018）2003 年的研究是在 2.5%～40% 之间设置 8 个阈值来分析灾难性医疗支出的影响因素，在 2018 年的研究中则设置了 10% 和 25% 两个阈值[1]。国内学者封进（2009）测算农村居民灾难性医疗支出发生率时使用了 10%、20% 和 40% 三个阈值[2]。闫菊娥等（2012）在 20%～60% 之间设置以 10% 为间隔的五个阈值[3]。高健等（2018）主张短期灾难性医疗支出的阈值采用 12%～17% 六个比例[4]。

关于灾难性医疗支出的发生率，徐可（Ke Xu，2007）通过 89 个国家的调查数据发现，全球每年有 1.5 亿人发生灾难性医疗支出[5]。兰森（Ranson，2008）以恩格尔系数超过 60% 的印度古吉拉特邦为例，指出和恩格尔系数较低的地区相比，恩格尔系数越高，医疗费用支出占家庭可支配收入的较小比例就有可能诱发灾难性医疗支出[6]。孟群（Meng Qun，2012）利用第三次国家卫生服务调查数据测算，认为我国大约有 12.9% 的家庭发生了灾难性卫生支出[7]。吴群红等（2012）利用第四次国家卫生服务调查数据对我国城乡家庭灾难性医疗支出发生率进行测算，发现我国灾难性医疗支出发生率为 13%，而且发生率随着家庭经济水平的提高而降低，总

[1]   Wagstaff A, Flores G, Hsu J, et al. Progress on Catastrophic Health Spending in 133 Countries: A Retrospective Observational Study[J]. The Lancet Global Health, 2018, 6(2): 169-179.

[2]   封进，李珍珍 . 中国农村医疗保障制度的补偿模式研究 [J] . 经济研究，2009，44（4）：103-115.

[3]   闫菊娥，闫永亮，郝妮娜，杨金娟，高建民，李倩，王亚茹，赖莎 . 三种基本医疗保障制度改善灾难性卫生支出效果实证研究 [J]. 中国卫生经济，2012，31（01）：26-28.

[4]   高健，高海霞，刘亚辉，丁静 . "灾难性卫生支出"能解释农村"因病致贫"吗？——中国式标准的提出 [J]. 中国卫生政策研究，2018，11（11）：1-9.

[5]   Ke Xu, Evans D B, Carrin G, et al. Protecting Households from Catastrophic Health Spending[J]. Health Affairs, 2007, 26 (4): 972-983.

[6]   Michael Kent Ranson. Reduction of Catastrophic Health Care Expenditures by a Community-Based Health Insurance Scheme in Gujarat, India: Current Experiences and Challenges[J]. Bulletin of the World Health, 2008 (80): 613-621.

[7]   Meng Qun, Ling Xu, Yaoguang Zhang, et al. Trends in Access to Health Services and Financial Protection in China between 2003 and 2011: A Cross-sectional Study[J].The Lancet, 2012, 379(9818): 805-814.

体致贫率为 7.5%，略高于亚太地区和南美洲的一些发展中国家。其中，新农合参保家庭的灾难性医疗支出发生率高达 14.8%，参加城镇居民和城镇职工的家庭分别为 8.5% 和 9.4%[1]。徐善长（2013）将我国灾难性医疗支出的标准设定为城镇居民人均可支配收入和农村居民人均纯收入，利用全国部分基本医保统筹地区经办数据测算我国城乡居民灾难性医疗支出发生率为 2‰～4‰[2]。本书仍以世界卫生组织（WHO）和多数学者所使用的家庭卫生支出占家庭非食品性消费支出的比重超过 40% 这一阈值视为发生家庭灾难性医疗支出。

（二）大病

大病的概念与大病的衡量密不可分。国外关于大病概念的研究主要集中于对灾难性医疗支出的研究，国际上多以临床诊断是否会引发灾难性医疗支出来判定患者是否患有重大疾病。总体而言，国外学者通常以经济指标作为衡量和认定灾难性医疗支出的标尺，关注个体的差异性和指标的可量化性，倾向于根据不同社会群体的可支配收入、家庭消费等情况进行测算。在实践中，不同国家和地区根据具体情况进行调整，设置不同比例作为发生灾难性医疗支出的衡量标准。前文已对本书所采用的灾难性医疗支出衡量标准进行阐释。

2012 年 8 月，国家发改委等六部委联合发布《关于开展城乡居民大病保险工作的指导意见》（发改社会〔2012〕2605 号），指出我国大病保险制度"以力争避免城乡居民发生灾难性医疗支出为目标"。2012 年 11 月，原卫生部发布《关于加快推进农村居民重大疾病医疗保障工作的意见》（卫政法发〔2012〕74 号），提出将急性白血病、儿童先天性心脏病、终末期肾病、妇女乳腺癌等 20 种疾病优先纳入医保范围。在实践过程中，我国逐渐形成了保障高额费用和保障大病病种等不同大病保险模式。单从医疗费用或从病种的角度界定大病并对大病给予补偿，会

---

[1]　吴群红，李叶，徐玲，郝艳红．医疗保险制度对降低我国居民灾难性卫生支出的效果分析 [J]．中国卫生政策研究，2012，5（09）：62-66.

[2]　徐善长．大病保险：健全医保体系的重要环节 [J]．宏观经济管理，2013（03）：31-32.

造成一定的偏倚和局限。以医疗费用为大病界定标准，会将部分贫困患者排除在补偿受益之外，且制度的基金风险较高；以病种为大病界定标准，又会将部分费用高昂的疾病排除在补偿范围之外，造成健康公平缺失，而且随着医疗科技进步与疾病谱变化，对大病的种类目录需要适时进行调整。结合医疗费用支出与疾病造成的经济后果，笔者认为大病应当是严重危害患者身心健康并给患者及其家庭带来严重经济负担的重特大疾病，而不是一般的大病。一般的大病是基本医疗保险应当予以保障的。

（三）城乡居民大病保险

国外通常将大病保险称为 Critical Illness Insurance 或者是 Dread Disease Insurance。1983 年马里优斯·巴纳德（Marius Barnard）医生与 Crusade 人寿保险公司合作开发了世界上第一款重大疾病保险，为急性心肌梗死、冠状动脉搭桥术、恶性肿瘤、卒中 4 种大病提供保障。此后这种保险保障方式被英国、加拿大、澳大利亚、东南亚等国家和地区采用。目前有 50 多个国家销售重疾险产品。我国于 1994 年引入重疾险，最开始也是作为寿险附加险，保障心肌梗死、冠状动脉搭桥术、恶性肿瘤、脑卒中、尿毒症、重大器官移植以及瘫痪等重大疾病。1996 年我国商业保险公司才推出作为主险存在的保障终身的重疾险。

商业保险公司是自主经营、自负盈亏的市场主体，以利润最大化为追求目标。重疾险的风险较大，对应的保险费率较高而且投保条件较为严格。收入较低或健康程度较差的人，往往难以承受高昂的保险费或是通过保险公司严格的风险筛选，难以从商业重疾险获得保障。因此，很多国家在社会医疗保险项目中增加了大病保障内容，确保强制参保人群在发生高额医疗费用时能得到更多的经济补偿。我国虽已初步建立覆盖全民的基本医疗保障体系，但是基本医保的待遇水平较低，保障程度有限，人民群众因病致贫和因病返贫现象依然较为突出。有数据显示，2012 年我国城市和农村家庭发生灾难性医疗支出的比例分别高达 14.6% 和 17.0%[1]。2012年 8 月，国家发改委等六部门联合发布《关于开展城乡居民大病保险工作的指导意见》，拉开了我国大病保险试点推行的序幕。2015 年，国务院办公厅印发《关于全面实施城乡居民大病保险的意见》，标志着我国大病保险进入全面实施阶段。截至 2017 年底，我国已基本实现了大病保险全覆盖。本书研究的大病保险是指在城镇居民基本医疗保险、新型农村合作医疗的基础之上，对大病患者发生的高额医疗费用予以再次补偿的制度性安排。鉴于我国绝大部分地区已经实现城镇居民基本医保和新农合医疗制度并轨，因此本书中大病保险特指我国城乡居民大病保险制度，而非商业重疾险。虽然两者都是为了缓解大病造成的经济压力，但是在运行目标、资金来源、保障方式、经营原则等多方面存在差异，对两者应明确区分，不可混为一谈。

二、理论基础

（一）公共物品理论

占据经济学主流地位的新古典综合学派代表萨缪尔森（Samuelson）于 1954 年首次提出了公共物品的概念，认为人们对公共物品的消耗不会减少其他人对其使用和消耗，归纳出公共物品具有消费的非竞争性和非排他性。其后学者不断丰富对公

---

[1] Ta Y, Zhu Y, Fu H. Trends in Access to Health Services, Financial Protection and Satisfaction between 2010 and 2016: Has China Achieved the Goals of Its Health System Reform? [J]. Social Science & Medicine, 2020(245): 112715.

共物品的定义和研究[1]。公共物品理论认为，和私人物品相比，公共物品最突出的特征体现为效用的不可分割性、消费的非竞争性、受益的非排他性。因此，判断某一物品是否是公共物品主要依据该物品是否具备三个特性：第一，效用的不可分割性。该物品不能分割为多个可独立使用或消费的单位，而应向全体社会成员提供并且不遵循"谁付费，谁受益"的原则，由全体成员共同使用或消费。第二，消费的非竞争性。当一部分社会成员使用或消费该物品时，不会影响其他正在使用或消费该物品的社会成员的利益。第三，受益的非排他性。一部分社会成员使用或消费该物品，并不排斥其他社会成员对其使用和享受。能够同时满足这三个特征的物品就是公共物品。如果某物品可以由个别社会成员独享、消费或使用存在竞争性和排他性，即为私人物品。介于两者之间的物品为准公共物品。

大病保险作为一项公共政策和制度安排，具有并不绝对的非竞争性和非排他性。基于上述特性分析大病保险，可以发现：第一，大病保险具有一定的效用不可分割性。大病保险由政府主导，主要依靠基本医保制度和财政筹资，不能分割基金由各参保人独立占有。这种效用的不可分割性具有特殊性，即大病保险基金是在大病保险参保人范围内根据医疗服务需求进行统筹使用。第二，大病保险的使用或消费具有一定的非排他性。参保人发生大病时能由制度获得符合规定的保障待遇，并不会影响其他参保人享受大病保险的权利。但是，参保人获得大病保险待遇的前提之一是在患病前已经参保并且缴纳保险费。没有参保并对制度供款的人不具备待遇享受资格。大病保险的非排他性只限于制度参保人范围内。第三，大病保险的使用或消费具有一定的非竞争性。所有参保人在患大病时都可以按照制度既定保障范围和标准，公平地享受补偿。任一参保人享受待遇不影响其他参保人享受，但是当大病保

---

[1]　后续大量国外学者拓展对公共物品的研究，其中一些研究具有重要影响力，极大丰富了公共物品理论。布坎南（Buchanan，1965）提出了俱乐部物品。奥斯特罗姆（Ostrom，1990）指出公共物品具有非排他性，同时具有消费的共同性。海德和舒普（Head and Shoup，1969），哈得孙和琼斯（Hudson and Jones，2005）认为公共物品最突出的特征在于效用不可分割性、消费的非竞争性和受益的非排他性。温德乐和古尔德（Wendner and Goulder，2008）提出公共物品不可分割，由全体成员联合消费或共同受益。

险的受益者数量增加到某一临界点后，每增加一个受益者会导致边际成本上升，影响制度的可持续性。其中一些受益人占有或使用过多资源会导致大病保险制度难以支撑，最终损害所有参保人的利益。由此可知，将大病保险界定为准公共物品更为准确。

大病保险是对基本医疗保险制度的拓展和延伸。基本医保制度不是纯公共物品，而是由参加保险的城镇职工和城乡居民享受的俱乐部物品，非参保者不能享受。准公共物品会随着消费或使用数量的增加，边际成本不断上升，从而产生拥挤。同样，随着大病保险受益者增加，制度的边际成本上升。因此，大病保险受益如果采取"撒胡椒面"的普惠式做法，制度最终能提供的保障程度和制度的保障效应都会下降。

免费搭车问题导致公共物品不可能由市场交易实现最优配置，也无法由私人供给，需要政府干预以改变其供给不足的状况。大病保险制度满足准公共物品的基本特征，关系到国民健康公平的实现，不管是出于市场失灵还是社会责任的考虑，政府都应当承担起提供责任。然而政府有责任提供并不意味着政府就要自己生产。政府提供主要包括政府直接生产供给和政府非生产供给两种方式。政府提供需要综合考虑并决定：提供哪些种类的产品和服务，以及提供多少数量的产品和服务；是政府直接生产还是以合同的方式购买私人部门的产品或服务；如果自己生产，如何来生产；生产出来的产品或服务在各种人群中如何分配[1]。政府应该采取最合理的方式以提升大病保险供给效率。具体而言，政府对大病保险的供给包括两方面内容：其一是提供保障制度，具有在城乡居民患大病情况下确保其医疗保障权利的制度安排；其二是提供保障服务体系，具有为实现大病保险制度实施和运转的经办服务。为国民提供大病保障制度是现代政府不可推卸的责任，政府应以货币为度量标准，明确大病保险的筹资和待遇标准以及财政补贴责任。在大病保险服务体系上，政府应以服务为度量标准，需要考虑设施、设备和人员的配置问题。一般而言，对于准公共物品，政府可以实施补贴制度同时通过多种形式发挥市场的专业优势，鼓励企

---

[1] 唐芸霞. 医疗服务递送机制中主体利益关系及扭曲矫正——基于政府职能的视角 [J]. 当代财经, 2012,（7）：31-39.

业进行生产以减少政府生产带来的效能过低问题。我国政府向商业保险公司购买大病保险在实质上属于准公共物品供给，是一种典型的政府购买与监管，由市场提供的模式[1]。

（二）健康需求理论

20世纪60年代，健康、知识、技能、工作经验均被视为人力资本的有机组成部分。与其他类型人力资本的功能路径不同，健康资本不会直接提高劳动者生产率，而是通过延长个体一生的健康时间来增加其赚取收入的机会。

格罗斯曼（Grossman，1972）提出健康需求理论，认为健康具有消费品和投资品两种属性。作为消费品，健康给个体效用带来直接变化。作为投资品，对健康的投资将获得劳动时间增加的回报，因而健康资本具备人力资本投资价值，个体会对健康进行投资直到健康的边际收益等于边际成本[2]。格罗斯曼在人力资本框架内提出了健康资本概念，并在贝克尔（Becker）家庭生产函数基础上构建了健康需求理论模型，为研究个体健康需求和由健康派生而来的医疗服务需求问题提供了理论工具。按照健康需求理论，个体在整个生命周期的效用函数为：

$$U=U(d_0 H_0 , \cdots , d_n H_n , \cdots , Z_0 , \cdots , Z_n) \tag{2-1}$$

其中，H_0 是个体在出生时的健康存量，d 是个体的单位健康存量能够生产的健康天数，$d_i H_i$ 表示第 i 期个体可以消费的总健康天数。Z_i 是第 i 期个体消费的其他商品总量，n 是个体生命周期长度。

健康资本存量的净增加量可以表示为：

$$H_{i+1} - H_i = I_i - \delta_i H_i \tag{2-2}$$

---

[1]　顾海.大病医保，太仓提供了什么经验？[J].社会观察，2012（11）：38-39.

[2]　Grossman Michael. On the Concept of Health Capital and the Demand for Health[J]. Journal of Political Economy, 1972, 80(2): 223-255.

其中，$H_{i+1} - H_i$ 是第 $i+1$ 期相对于第 i 期的健康存量净增加量，等于 i 时期的健康投资 I_i 减去健康折旧 $\delta_i H_i$。δ_i 是第 i 期对应的健康折旧率，是外生变量，随着年龄增长而增大。

将（2-2）式进行移项可得：

$$H_{i+1} = I_i + (1- \delta_i) H_i \tag{2-3}$$

即个体在下一期的健康存量由上一期的健康投资和上一期折旧后的健康存量决定，因此个体可以通过选择最佳健康投资水平来决定最佳健康存量。

个体的健康投资生产函数和其他商品的家庭生产函数可表示为：

$$I_{hi} = I_{hi} (M_{hi}, T_{hi}; E_i) \tag{2-4}$$
$$I_{zi} = I_{zi} (M_{zi}, T_{zi}; E_i) \tag{2-5}$$

其中，M_{hi} 表示第 i 期个体消费的医疗保健服务数量，M_{zi} 表示第 i 期生产其他商品所需投入的要素，T_{hi} 和 T_{zi} 分别表示生产健康和其他商品所需要投入的时间，E_i 是个体的人力资本存量。由于收入、财富、时间都是有限和稀缺的，个体的投资和生产面临着收入和时间的约束：

$$\sum \frac{PhiMhi+PziMzi}{(1+r) \, i} = \sum \frac{WiTwi}{(1+r) \, i} + A_0 \tag{2-6}$$
$$T_{wi}+T_{li}+T_{hi}+T_{zi} = \Omega \tag{2-7}$$

在（2-6）式中，P_{hi} 和 P_{zi} 分别是 M_{hi} 和 M_{zi} 对应的价格，T_{wi} 和 W_i 分别是个体的工作时长和工资率水平，r 表示利率水平，A_0 表示折现后的财产性收入。等式（2-6）的左边是各期购买生产要素总支出的贴现值，右边是个体各期收入贴现值与财产性收入贴现值之和。在（2-7）式中，T_{li} 表示个体因为身体伤害或疾病而损失的无法参与市场活动的时间，Ω 是个体在 i 时期的时间总量。

个体的目标是实现（2-1）式的效用最大化目标，由（2-3）式可知个体最佳健康存量可通过最佳健康投资水平决定。因此，个体要在（2-6）式收入预算和（2-7）式时间约束下，根据（2-4）式和（2-5）式决定第 i 期的最佳健康投资水平。基于上述式子，通过构造拉格朗日函数并对 I_{i-1} 求偏导，可得出个体决定最佳健康投资水平的一阶均衡条件为：

$$\frac{WiGi}{\pi i\text{-}1} + \frac{(Uhi/\theta)(1+r)i\,Gi}{\pi i\text{-}1} = r + \delta_i \qquad (2\text{-}8)$$

其中，$G_i = \dfrac{dThi}{dHi}$ 表示每一个单位健康存量增加所带来的健康天数的增加，即健康存量生产健康天数的边际生产力。

π_{i-1} 表示第 i-1 期健康投资的边际成本，$\pi_{i-1}=d\left(P_{hi-1}M_{hi-1}+W_{i-1}T_{hi-1}\right)/dI_{i-1}$。

（2-8）式的左边代表健康投资的回报。左边的第一项代表健康投资的边际货币回报率，体现了健康的货币回报，对应健康作为投资品的属性。左边的第二项代表健康投资的边际精神回报率，体现了健康投资带来的个体效用水平增量，对应健康作为消费品的属性。其中 U_{hi} 表示健康天数的边际效用，$U_{hi} = \dfrac{dU}{d(PiHi)}$ 为货币的边际效用。U_{hi}/θ 是健康边际效用的货币价值。（2-8）式的右边代表健康投资的资本的成本，包括投资于健康的资本的机会成本 r 和随着年龄增长而增大的折旧率 δ_i。由（2-8）式可知，只有在 i 时期健康投资的边际回报率等于健康资本的成本时，个体才找到了最佳健康投资水平，进而决定了最佳健康存量。

根据（2-4）式健康生产函数，个体的健康投资取决于个体消费的医疗服务数量、健康投入时间和个体的人力资本存量。个体消费的医疗服务数量受到医疗服务价格的影响。由于疾病风险具有不确定性，风险厌恶者的医疗服务需求与其医疗保险需求相关。健康需求理论为了简化模型并没有考虑医疗保险对个体消费的医疗服务数量的影响，但是该模型仍可用来分析医疗服务价格变化时个体的医疗需求变化[1]。引入医疗保险后，医疗服务的相对价格发生变化，医疗费用支出门槛相对降低，个体的医疗服务需求曲线会向右整体平移，在同样的价格下，个体医疗服务需求会比原来增加。个体更愿意购买医疗服务来恢复健康。这有助于增加个体健康资本存量。覆盖人群广、保障范围宽、保障程度高的医疗保险提高了人们就医的经济可及性，

---

[1] 顾海，许新鹏.大病保险制度效应及对策研究：基于统筹城乡医保视角 [M]. 南京：南京大学出版社，2021.

有利于整个社会健康福利水平的提高。大病保险在基本医保的基础上对高额医疗费用支出进行"二次报销",进一步降低医疗费用支出负担,使参保人能够释放被医疗服务价格和预算约束所抑制的医疗服务需求,更愿意通过增加医疗服务利用和健康投资以改善健康资本,进而增强获取和享有正常生活的可行能力。

大病保险是保障社会公平的公共政策,在促进国民健康公平上具有重要作用。社会弱势群体的健康风险和疾病经济风险更大,容易因重病、大病而致贫或加剧贫困,甚至陷入"贫困—疾病—贫困"的恶性循环以及发生贫困代际传递。大病保险制度在保障对象、保障内容、保障水平上应当充分考虑各类弱势群体的健康需求,有效满足其由健康需求而引发的医疗服务需求。如果弱势群体无法从制度获益或者制度为其提供的保障不足,那么大病保险制度的存在价值和意义将受到质疑。

(三)信息不对称理论

信息经济学理论认为在现实经济环境中市场参与者一般不会拥有某种经济环境中的全部信息,而且拥有的信息也是有差异的,并将其称为信息不完全与信息不对称。信息不完全使得各经济行为人在认识市场环境和状态上存在差异,导致每个经济行为人进行的市场活动及结果无法及时通过价格体系有效传递,从而出现市场失灵现象。由于信息不完全,市场上常会出现交易的一方比另一方掌握更多信息即信息不对称。信息不对称包括事前和事后信息不对称,前者通常表现为逆向选择,后者通常表现为道德风险。

第一,医疗保险的逆向选择问题。信息不对称是逆向选择发生的前提,逆向选择是信息不对称的表现之一。逆向选择通常是指交易的一方故意隐瞒风险以获得额外收益的行为。在自愿参加的保险中,最大的问题就是保险人和参保人因信息不对称引起的双向"逆向选择"。简而言之,保险人总是希望能够吸引身体健康的人参保,把疾病风险较大的人排除在外,以减少保险补偿支出。而健康状况不佳的人的参保意愿要比健康的人更强。逆向选择问题普遍存在于我国职工医保、居民医保和大病保险等各种医疗保障项目中[1]。大病保险的保障对象主要是城乡居民医保的参保人。而我国城乡居民医保为自愿参保。这意味着和具有强制性的城镇职工基本医保相比，居民医保的参保人逆向选择问题更为严重，而且居民医保制度的覆盖对象是城镇非就业群体，其中包括老人和儿童，疾病风险较大而且经济承受能力较弱。因此，不可忽视大病保险中的逆向选择问题。

第二，医疗保险的道德风险问题。阿罗（Arrow，1963）把道德风险定义为"保险单偏离了其原本的激励方向，从而改变了保险事故发生的概率"[2]。阿罗认为，医疗本身具有相当大的不确定性[3]，由于道德风险的存在，如果医疗费用全部或部分由医疗保险基金承担，参保人会倾向于消费更多的医疗服务，而且医生也会倾向于提供过度治疗或开更多的昂贵药品。因此，医疗市场必然会出现市场失灵，政府应当对医疗服务和医疗保险市场进行干预[4]。许多实证研究表明，道德风险与医疗费用的价格弹性相关联。医疗费用的价格弹性越大，医疗服务过程中就越容易产生道德风险。无论是社会医疗保险还是商业健康保险，保险的费用补偿使得被保险人承担的医疗费用低于实际发生的医疗费用，最终会导致医疗资源的过度使用和浪费。费尔德斯坦（Feldstein，1973）指出，道德风险的存在破坏了医疗服务正常的价格体系，加上医疗保险和医疗服务价格之间的相互强化机制，导致人们一方面购买了更多的医疗保险，另一方面也支付了更高的医疗费用，造成了社会福利损失[5]。为了抑制来自参保人的道德风险，医疗保险偿付机制往往设置起付线（免赔额）、报

---

[1]　臧文斌，赵绍阳，刘国恩.城镇基本医疗保险中逆向选择的检验[J].经济学（季刊），2012，12（1）：47-70.

[2]　Kenneth J Arrow. Uncertainty and the Welfare Economics of Medical Care[J]. American Economic Review, 1963, 53(5): 941-973.

[3]　阿罗认为医疗服务的特殊性源自其普遍存在不确定性，一方面，疾病的发生具有不确定性，另一方面在发生疾病后的治疗，其疗效也存在不确定性。两方面的不确定性导致了医疗服务市场具有特殊性。

[4]　Pauly M V. The Economics of Moral Hazard: Comment[J]. American Economic Review, 1968, 58(8): 531-537.

[5]　Martin S Feldstein. The Welfare Loss of Excess Health Insurance [J]. Journal of Political Economy, 1973, 81(2): 251-280.

销比例（共付比）、封顶线（最高赔付限额），让患者分担一定的医疗费用来强化其费用控制意识。然而个人负担的存在或增加会把有医疗服务需求但经济支付能力有限的人排除在受益之外。在医疗服务过程中医方具有专业信息优势，在自身利益的驱动下容易产生供给诱导需求行为，因此从医方入手控制医疗费用更为有效，也更为重要。

第三，医疗保险的委托代理问题。委托代理理论是由20世纪60年代末70年代初经济学家研究企业内部信息不对称和激励问题发展起来的理论，是制度经济学契约理论最重要的分支之一。该理论的中心任务是研究在信息不对称和利益相冲突的环境下，委托人如何设计最优契约激励代理人。委托代理关系的成立与信息不对称的存在密切相关，具有信息优势的一方为代理人，处于信息劣势的一方为委托人。委托代理关系成立的基本条件包括：委托人和代理人是各自独立的利益主体，双方都追求自身效用最大化；委托人和代理人都面临外部的不确定性和风险；信息的不对称使代理人的信息优势可能会影响委托人的利益。

社会医疗保险是社会保险项目中关系最为复杂的险种，涉及医疗服务和医疗保险两个市场，参保人（患方）、医疗服务提供者（医方）和医保机构（保方）三个主体。各主体之间存在错综复杂的委托代理关系。一方面，在医疗服务市场中，具有信息优势的医生是患者的代理人。医方追求自身效用最大化，在医疗行为效果具有不确定性而且难于评价的情况下，容易出现诱导需求，产生过度医疗。另一方面，在医疗保险市场中，医保作为医疗费用的第三方支付者，委托医方为参保人提供医疗服务。同时，参保人委托医保代为购买医疗服务。和基本医保相比，我国大病保险交由商保公司经办使得大病保险中委托代理关系（表2.1）更加复杂。在大病保险经办服务市场中，社保机构成为经办业务的委托人，商保公司则是经办业务的代理人。委托人和代理人均追求自身效用最大化，如果缺乏有效监管，具有信息优势的代理人容易忽略代理责任而损害委托人利益。在大病保险制度的运行过程中应当关注并协调多重交织的委托代理关系，尽量降低道德风险的发生概率与影响后果，最大限度地保障委托人的利益。

表 2.1　大病保险中的委托代理关系

市场	委托人	代理人
医疗服务市场	患者	医方
医疗保险市场	医保	医方
	参保人	医保
经办服务市场	社保机构	商保公司

第三章　城乡居民大病保险制度的保障功能与保障内容

官方政策文件指出，大病保险是基本医疗保险的延伸和拓展，是对基本医疗保障的有益补充，在不增加群众卫生筹资负担的前提下通过"二次报销"方式进一步减轻群众的大病医疗费用负担，旨在减少因病致贫和因病返贫现象并促进社会公平正义。制度目标决定着功能和内容，制度内容及其实施影响制度效果，而制度效果则表明功能在多大程度上得以实现。

一、大病保险制度的保障功能

（一）制度沿革与运行情况

医疗保障是关系国计民生的大事，如何有效化解和分担群众的健康风险始终是摆在政府面前的重大课题。1998 年我国开始对城镇职工基本医疗保险进行改革，之后相继建立了新型农村合作医疗和城镇居民基本医疗保险制度。2009 年《中共中央国务院关于深化医药卫生体制改革的意见》（中发〔2009〕6 号）颁布，标志着我国新一轮医改正式启动，从此基本医疗保障体系建设步入快车道。到 2011 年，我国三项医疗保险的参保率达到 95% 以上，基本实现城乡居民全覆盖[1]，在一定程度上解决了城乡居民"看病难"问题，但是"看病贵"仍然没有得到根本解决，重大疾病的医疗费用超出普通城乡居民家庭的承受能力。第三次国家卫生服务调查统计显示，2011 年我国灾难性卫生支出发生率高达 12.9%[2]，意味着全国约有 1.73 亿人受到大病的负面影响。

十年回首，我国大病保险的发展历程大致可以分为三个阶段：

第一阶段，是以基本医疗保险体系为基础的大病医疗补助早期探索。为了解决居民医保保障水平低、人民群众大病医疗费用负担沉重的问题，部分经济发达地区或医保基金结余丰富的地区如湛江、靖江、厦门、太仓等，开始探索参保人高额医疗费用保险工作。2009 年，湛江市从城乡居民基本医疗保险的个人缴费中划出 15%，建立大额医疗补助，拉开了大病保险的帷幕。2010 年，厦门市借鉴职工补充医疗保险制度，通过向商业保险公司购买大额医疗保障服务，建立城乡居民补充医疗保险制度。2011 年，靖江市建立大病医疗，从参保居民缴费中按 60 元 / 人的标准提取并建立大病统筹基金。同年，被誉为我国城乡居民大病保险范本的江苏省太仓市颁布了《关于社会医疗保险大病住院医疗实行再保险的规定（试行）》（太人社规字〔2011〕5 号），提出"社会医疗保险机构运用社会医疗保险统筹基金，通过向商业保险机构招标，引入商业保险管理优势，加强医疗保险管理，为社会医疗保险参保人员在享受医疗保险待遇的基础上，对发生的大额住院自负医疗费用，由商业保险进行再次补偿的补充保险"，实行城乡居民与职工均参加、筹资分别由基本医保和居民医保统筹基金列支的大病保险。

第二阶段，是 2012 年《关于开展城乡居民大病保险工作的指导意见》（发改

---

[1] 李珍 . 基本医疗保险全覆盖：从 0 到 1 史诗般的跳跃［EB/OL］. http: / /m. people. cn / n4 /2019 /1003 /c1586_13254051. html.

[2] Meng Qun, Ling Xu, Yaoguang Zhang, et al. Trends in Access to Health Services and Financial Protection in China between 2003 and 2011: A Cross-sectional Study[J]. The Lancet, 2012, 379 (9818): 805-814.

社会〔2012〕2605号，下文简称《指导意见》）出台后各地相继展开大病保险试点工作。2012年8月，国家发改委等六部委联合发布了《指导意见》，开始推行大病保险的试点建设。《指导意见》提出："城乡居民大病保险，是在基本医疗保障的基础上，对大病患者发生的高额医疗费用负担给予进一步保障的一项制度性安排"，开展城乡居民大病保险工作是"减轻人民群众大病医疗费用负担，解决因病致贫、因病返贫问题的迫切需要"，大病保险制度"以力争避免城乡居民发生家庭灾难性医疗支出为目标"。《指导意见》在制度目标、筹资机制、补偿模式、经办方式等方面设定了大病保险的基本框架，并鼓励各地区结合本地实际不断推进试点工作。截至2013年底，全国25个省份制定了城乡居民大病保险试点实施方案，确定了134个试点城市，当年惠及2亿人，涌现了太仓模式、湛江模式、厦门模式、新乡模式、杭州模式等多种模式，积累了许多有益经验。2014年8月，《国务院关于加快发展现代保险服务业的若干意见》（国发〔2014〕29号）提出："政府通过向商业保险公司购买服务等方式，在公共服务领域充分运用市场化机制，积极探索推进具有资质的商业保险机构开展各类养老、医疗保险经办服务，提升社会管理效率"，为我国大病保险引入商业保险的市场机制提供了政策支持和发展契机。

第三阶段，是从2015年开始大病保险制度在全国范围全面展开。2015年8月，国务院办公厅印发《关于全面实施城乡居民大病保险的意见》（国办发〔2015〕57号，下文简称《意见》），部署加快推进城乡居民大病保险制度建设。《意见》提出："2015年底前，大病保险覆盖所有城镇居民基本医疗保险、新型农村合作医疗参保人群，大病患者看病就医负担有效减轻。到2017年，建立起比较完善的大病保险制度，与医疗救助等制度紧密衔接，共同发挥托底保障功能，有效防止发生家庭灾难性医疗支出，城乡居民医疗保障的公平性得到显著提升。"截至2015年底，各省（区、市）和新疆生产建设兵团所辖统筹地区全面实施城乡居民大病保险，实现了地区全面启动、人员全面覆盖、待遇全面兑现"3个100%"，全国覆盖超过10亿人[1]。（表3.1）

---

[1] 人力资源社会保障部.城乡居民大病保险成效显著[EB/OL].http://www.gov.cn/xinwen/2017-10/28/content_5235083.htm.

表 3.1　各省份正式启动大病保险的时间

年份	省份
2012 年	青海、福建、浙江、江西、吉林
2013 年	江苏、湖北、广东、河南、宁夏、新疆、重庆、北京
2014 年	天津、四川、上海、海南、安徽、甘肃
2015 年	山东、广西、黑龙江、内蒙古、河北、湖南、贵州、山西、陕西、辽宁、西藏、云南

资料来源：各省（区、市）政府部门网站公布的政策文件。

　　2016 年 6 月，国家卫生计生委等 15 个部门联合发布《关于实施健康扶贫工程的指导意见》（国卫财务发〔2016〕26 号），要求"建立基本医疗保险、大病保险、疾病应急救助、医疗救助等制度的衔接机制，发挥协同互补作用，形成保障合力"。同年 10 月，中共中央、国务院印发《"健康中国 2030"规划纲要》，提出要进一步健全重特大疾病医疗保障机制，加强基本医保、城乡居民大病保险、商业健康保险与医疗救助等的有效衔接。同时，保监会制定了一系列大病保险监管制度，以进一步促进大病保险业务健康开展，规范大病保险市场秩序，保护城乡参保者的合法权益。到 2016 年底，大病保险已覆盖 10.5 亿城乡居民，累计支付赔款 300.9 亿元，大病患者的报销水平在基本医保基础上提高了 13.85%[1]。大病保险的覆盖面和待遇水平都有较大提升，赔付资金显著增加，越来越多的大病患者从制度受益。

　　2017 年 1 月，民政部发布《关于进一步加强医疗救助与城乡居民大病保险有效衔接的通知》（民发〔2017〕12 号），指出要进一步加强医疗救助和大病保险制度在对象范围、支付政策、经办服务、监督管理等方面的衔接，充分发挥制度效能。2017 年 10 月，党的十九大报告明确提出要完善大病保险制度建设。截至 2017 年底，全国共有超过 1700 万人次获得大病保险赔付，城乡居民大病保险实际报销比例在基本医保基础上普遍提高了 10% ～ 15%，整体报销比例达到了 70%，远超

---

　　[1]　朱铭来，于新亮，王美娇，熊先军. 中国家庭灾难性医疗支出与大病保险补偿模式评价研究 [J]. 经济研究，2017，52（09）：133-149.

制度设计"不低于 50%"的目标，个案赔付最高甚至达 111.6 万元 [1]。大病保险的实施在解决中国家庭灾难性医疗支出方面取得了一定成效。

2018 年 9 月，国家医保局、财政部、国务院扶贫办联合印发《医疗保障扶贫三年行动实施方案（2018—2020 年）》（医保发〔2018〕18 号），提出到 2020 年农村贫困人口全部纳入基本医保、大病保险和医疗救助保障范围，农村贫苦人口医疗保障受益水平明显提高。多个政策文件都将完善大病保险制度作为促进健康扶贫的重要举措，表明了党和政府推进健康中国建设，防止因病致贫、因病返贫的坚定决心。部分省（区、市）依托大病保险向困难群众实行倾斜政策，增强了对特困人群的托底保障能力，提高了特困人群医疗服务可及性 [2]。截至 2018 年 9 月，全国约有 300 万建档立卡困难户获得大病保险保障，使建档立卡贫困户的"因病致贫"率显著减少 9.69%[3]，而且对贫困程度越高的困难群众，减贫作用越明显。2018 年政府工作报告指出我国大病保险制度已经基本建立，并提出在 2017 年财政补贴基础上居民基本医保人均财政补助标准再增加 40 元，其中一半（即 20 元）用于大病保险 [4]，使得全国大病保险筹资标准再一次实现了突破，为扩大保障范围和提升待遇奠定了坚实物质基础。2019 年政府工作报告提出"继续提高城乡居民基本医保和大病保险保障水平，居民医保人均财政补助标准增加 30 元，一半用于大病保险。降低并统一大病保险起付线，报销比例由 50% 提高到 60%，进一步减轻大病患者、困难群众医疗负担" [5]。2019 年 4 月，国家医保局、财政部《关于做好 2019 年城乡居民基本医疗保障工作的通知》（医保发〔2019〕30 号）规定，降低并统一大病保险起付线，原则上按上一年度居民人均可支配收入的 50% 确定，低于该比例的可不做调整；政策范围内报销比例由 50% 提高至 60%；加大大病保险对贫困人

[1] 中国保险报编辑部 . 数读保险业服务国计民生 [N]. 中国保险报，2018-12-17（4）.

[2] 赵斌 . 大病保险制度的实践争论和思考 [J]. 中国人力资源社会保障，2018（10）：32-34.

[3] 李华，高健 . 城乡居民大病保险治理"因病致贫"的效果差异分析 [J]. 社会科学辑刊，2018（06）：124-141.

[4] 李克强 . 2018 年政府工作报告 [EB/OL]. http://www.gov.cn/guowuyuan/2018zfgzbg.htm.

[5] 李克强 . 2019 年政府工作报告 [EB/OL]. http://www.gov.cn/guowuyuan/2019zfgzbg.htm.

口的支付倾斜力度，贫困人口起付线降低 50%，支付比例提高 5 个百分点，全面取消建档立卡贫困人口大病保险封顶线。在各级政府推动下，大病保险在扶贫工作中的作用日益凸显，成为助力健康扶贫的有效途径之一。2021 年 1 月，国家医保局和财政部联合发布《关于建立医疗保障待遇清单制度的意见》（医保发〔2021〕5 号），明确了大病保险起付标准原则上不高于统筹地区居民上年度人均可支配收入的 50%，对低保对象、特困人员和返贫致贫人口，起付标准降低 50%，并要求逐步探索对低保对象、特困人员取消起付标准，对低收入家庭成员按 10% 左右确定，因病致贫家庭重病患者按 25% 左右确定。

总体而言，我国城乡居民大病保险自 2012 年启动试点工作以来，参保人数逐年上升，筹资规模不断增大，保障水平逐步提高，承办方式逐渐完善，获得了群众的普遍认可。

（二）制度目标、功能与定位

我国城乡居民大病保险制度的目标是要防止家庭发生灾难性医疗支出。2012 年《指导意见》提出，大病保险"以力争避免城乡居民发生灾难性医疗支出为目标"，要求逐步提高报销比，最大限度地减轻个人医疗费用负担，并通过基本医疗保险、大病保险、重特大疾病医疗救助的政策联动，切实避免因病致贫、因病返贫问题。2015 年《意见》再次重申，大病保险的主要目标是使大病患者就医负担有效减轻，有效防止发生家庭灾难性医疗支出。

对如何保护居民免于灾难性医疗支出，国外学者最主要的观点是采用预付制 [1]。预付制一般有社区保险、税收制度、社会健康保险和混合制度等四种表现形式。社区保险适宜于小范围内分散风险，税收和社会健康保险适合建立大规模风险池。在实际运用中，混合的预付制更能有效分散风险，也更为普遍。大病保险制度属于预付制的一种表现形式。人们通过预付保费参加大病保险计划。一般而言，医

---

[1] Ke Xu, David B Evans, G Carrin, et al. Protecting Households from Catastrophic Health Spending [J]. Health Affairs, 2007, 26(4): 972-983.

保制度足够完善而且保障水平较高就可以避免参保人发生灾难性医疗支出。但是，医保的共付机制导致低收入者往往因经济承受能力有限而被排除在医疗服务可及范围之外。2019 年，我国职工医保政策内住院费用支付比例为 85.8%，居民医保政策内住院费用支付比例为 68.8%；职工医保的实际住院费用支付比例为 75.6%，居民医保的实际住院费用支付比例为 59.7%[1]。政策内住院费用支付比例虽然不低，但是基本医保的起付线以下和封顶线以上、目录范围内的自付与目录范围外的自负费用，都需要参保人自行承担。因此，人民群众高额医疗费用负担仍然沉重，尤其是中低收入人群因病致贫、因病返贫现象时有发生。可以说，基本医保仅部分实现了降低灾难性医疗支出的政策初衷 [2]。

我国城乡居民基本医保制度难以有效应对大病风险，在制度设计和执行中无法全部践行"保基本"的理念和原则。所谓"保基本"，是指在发生疾病后参保人能够通过基本医保补偿，保障其基本医疗需求和恢复基本生活水平，无论大病、小病都能依靠基本医保而不至于陷入经济困境。通常，小病、常见病对于患者及其家庭造成的经济冲击相对不大，医疗费用在一般民众的承受能力之内，因此基本医保"保基本"的实质应该是重点保大病，即对于发生概率不高但损失程度大的疾病，用基本医保提供符合医疗需求的基本药物、基本治疗服务和基本医疗设施来解决问题。然而，在我国基本医保的地方试点中"保基本"原则被弱化，原因主要在于：首先，理论上对基本医保的认识不清。保恢复到基本生活水准被错误理解为保基础疾病和小额费用，在基本医保补偿机制设计上倾向于为常见病和门诊提供保障，而对重大疾病的保障不足。其次，我国基本医保在实践中采取"以收定支"的财务平衡方式，在筹资水平难以大幅提高的情况下，只能从保基本起步，导致用于疑难重症的高额费用被挤出。最后，我国城乡居民医保为自愿参保方式，在制度推广阶段很多地方通过"撒胡椒面"式的普惠做法让更多参保人更容易受益来提高制度吸引力，牺牲

---

[1] 国家医疗保障局 . 2019 年全国医疗保障事业发展统计公报 [EB/OL]. http://www.nhsa.gov.cn/art/2020/6/24/art_7_3268.html.

[2] 有学者认为，如果把基本医保做足做好，绝大多数参保者的高额医疗费用负担就会大大减轻，极少数罹患重特大疾病患者的灾难性医疗支出就比较容易解决了。

了集合众人之力共同分摊重大损失的"保大病"原则。随着健康中国战略的提出，甚至有观点主张将健康体检、预防保健等方面的支出也纳入基本医保保障范围，虽然有出于大健康理念的考虑，却使基本医保承载了太多本不属于它的功能，进一步削弱了基本医保抵御大病风险的能力，偏离"保大病"的初衷。

城乡居民基本医保制度难以正常发挥大病经济保障功能，广大城乡居民对大病经济风险转移的需要又无法通过市场机制如商业健康保险得到满足，需要政府承担起提供大病保障产品的责任，以避免家庭灾难性医疗支出造成居民的健康福利和社会健康公平损失。按照常规逻辑，政府应该对居民医保进行改革，但是作为基本医保，其制度弹性不足。故而，在制度层面，政府试图在城乡居民基本医保框架内增加一道大病保险层次，专门解决重大疾病带来的经济风险。可以说，大病保险实质上是对基本医疗保险的政策偏移和执行偏颇的制度性纠正[1]。建立大病保险对基本医保无法赔付的合规费用进行二次补偿，起到了延伸基本医保保障功能的作用。不可否认，大病保险具有缓贫减贫、收入再分配、健康促进、维护社会公平等多方面的作用，但是作为一项保险，保障功能是其核心功能，而且保障功能的实现是以对高额医疗费用支出的补偿作为手段。

大病保险如何进行定位，它与其他医疗保障项目的界限在哪里，是直接关系到今后大病保险如何发展与推进的根本性问题。学界基本一致认为大病保险是基本医疗保险的延伸和拓展。虽然大部分地区将大病保险委托给商保公司经办，但是委托经办并不改变其社会保险性质[2]。它不属于商业健康保险。大病保险隐含个人缴费责任而且不涉及家计调查。它也不属于医疗救助。从当前实践来看，大病保险与居民医保捆绑参保，资金主要来自基本医保基金，没有独立筹资，待遇上也与基本医保密切相关。因此，大病保险不属于补充保险，而是基本医保的"二次报销"。

大病保险的顺利实施和运行，需要明确大病保险与医疗保障体系中其他保障项目，包括基本医疗保险、补充医疗保险、医疗救助、商业健康保险等之间的关系。

---

[1]　高传胜.包容性发展视角下城乡居民大病保险新政再思考[J].社会科学战线,2016（03）:199-205.

[2]　董朝辉.大病保险政策的关键问题探讨[J].中国医疗保险,2017（07）:15-19.

目前，基本医保和大病保险在保大病的基本功能定位上界限不清。虽然两者相结合提高了居民大病报销水平，但是整体保障功能不强，并不能有效解决灾难性医疗支出风险。此外，各地医保部门建立的各类补充保险、卫生部门管理的新农合确定若干大病保险病种、民政部门开展的城乡医疗救助，这些政策相互重叠，功能同质化，弱化了制度效果，造成运行和管理的诸多乱象。

二、大病保险制度的保障内容

我国大病保险为属地化管理，各地区按照自身经济发展水平和居民医疗需求对大病保险进行设计。在实践中，各地大病保险在保障对象、保障范围、保障水平、资金来源、筹资标准、筹资办法、统筹模式、经办管理等方面都存在差异。大病保险是衡量医疗保障水平的重要标志之一，制度内核在于其保障内容，主要包括对保障对象、保障范围、保障水平等要素的安排。

（一）保障对象

大病保险的主要保障对象是城乡居民，包括农村居民、灵活就业人员、城镇非离退休老年人、少年儿童、大学生等。从 2012 年到 2015 年，全国各省（区、市）和新疆生产建设兵团所辖地区全面实施城乡居民大病保险，实现了地区全面启动、人员全面覆盖、待遇全面兑现，覆盖全国超 10 亿人 [1]。根据人力资源和社会保障部、国家卫生计生委评估，大病保险实施后城镇居民与农村居民大病患者医疗费用实际报销比例在基本医保报销的基础上分别提高了 11.22% 和 12%，增长区间一般为 10 ～ 15 个百分点 [2]。由于政策效果明显，江苏、浙江、青海、湖南、吉林和新疆部分地区，将城镇职工医保参保人员也纳入大病保险，建立起覆盖城乡居民和职

---

[1]　人力资源社会保障部：城乡居民大病保险成效显著 [EB/OL]. http://www.gov.cn/xinwen/2017-10/28/content_5235083.htm.

[2]　2015 年底前大病保险覆盖所有城乡居民基本医保参保人——国务院常务会议解读 [EB/OL]. http://news. xinhuanet.com/2015-07-22.

工的政策统一的大病保险。截至 2018 年底，大病保险覆盖居民医保 10.2 亿参保人，约有 817 万人受益，报销比例在基本医保之上平均提高 13 个百分点以上，大病保险赔付支出约 510.9 亿元[1]。根据银保监会统计，截至 2020 年末 18 家保险公司在全国 31 个省（区、市）开展了大病保险业务，覆盖了 12.2 亿城乡居民（包含部分城镇职工）[2]。随着大病保险覆盖面的扩大，更多的居民享受到保障，免于陷入贫困。

在大病保险建设方面，厦门市走在全国前列。1997 年，在实施职工基本医疗保险的同时，出台了《厦门市职工补充医疗保险暂行办法》，通过社会公开招标向商业保险公司购买大额医疗保障服务的方式为参保人员购买了补充医疗保险，开启了职工大病保险先河，只是当时称之为"补充医疗保险"而非"职工大病保险"。2008 年，厦门市基本医疗保险实现"城乡一体化"，城镇居民、农村居民、大学生、未成年人等都被纳入城乡居民医保。2010 年，在城乡居民医保基础上，借鉴职工补充医疗保险制度，建立起城乡居民大病保险制度。2018 年，《厦门市大病医疗保险办法》出台后整合了职工大病保险和城乡居民大病保险。2019 年厦门市职工、城乡居民大病医疗保险最高赔付限额分别为 50 万元和 40 万元，赔付比例 70% 左右。在大病保险发展过程中，厦门模式具有"覆盖全、保障高、服务快、模式新、可持续"的特点。江苏省太仓市作为我国大病保险的范本之一，早在 2012 年就按照职工每人每年 50 元、城乡居民每人每年 20 元的标准筹资，建立起覆盖全体职工和城乡居民的大病保险制度。这些城市在大病保险制度保障对象方面的探索性实践为其他地区积累了宝贵经验。

目前各地大病保险保障对象主要是城乡居民医保的参保人。机关事业单位工作人员和企业职工大多是通过大额补充医疗保险等不同形式的补充医疗获得大病保障。在实践中仅浙江、广东探索建立全面覆盖本地职工和居民的统一的大病保险制度。例如，2016 年广东省人民政府办公厅颁布《关于进一步完善我国城乡居民大病保险制度的通知》（粤府办〔2016〕85 号），在覆盖人群上有较大的调整，形

---

[1] 王芳琳 . 在增强大病保险保障能力上下功夫 [J]. 中国医疗保险，2020（05）：26.

[2] 陈映东 . 鼓励险企以承办大病保险为抓手，积极参与医疗费用管控、支付方式改革 [EB/OL]. https://finance.china.com.cn/money/insurance/20210601/5585800.shtml, 2021-06-01.

成了覆盖职工和城乡居民，政策统一、相互衔接的大病保险制度。

（二）保障范围

保险的本质是风险损失的转移与分摊。保障范围是保险人承诺承担保险责任的范围。保障范围决定着保险人所负责任的大小。保障范围越广泛，参保人获得的保障程度就越高，与之对应的保险人承担的风险越大。在大病保险的保障范围上，涉及如何界定大病，大病保险的补偿标准是什么，以及怎样界定合规医疗费用等具体问题。各地按照自身情况设定大病保险补偿机制，在保障范围上存在差异。

1. 大病的界定与大病保险的补偿标准

疾病风险会给人们带来身体和健康损害、医疗费用和收入损失。这成为以病种和费用作为大病界定标准的理论基础。在学界和实务部门，既有按特定病种来界定大病，也有按费用来界定大病。

（1）以病种作为界定大病和保险补偿的标准

2012 年《指导意见》明确大病保险按"费用"补偿的基本办法之外，允许各地"从个人负担较重的病种起步开展大病保险"。2012 年 11 月，原卫生部发布《关于加快推进农村居民重大疾病医疗保障工作的意见》（卫政法发〔2012〕74 号），基于按"病种"补偿模式，在试点期间迅速将新农合大病保险的病种范围扩展到乳腺癌、儿童白血病、先天性心脏病、重性精神疾病、终末期肾病、脑梗死等 20 种疾病。这些病种的治愈周期长、难度较大、费用高，严重危害人民健康并影响生产生活，同时这些病种的治疗效果确切、治疗费用容易控制，因此被优先纳入保障范围。

2015 年《意见》提出"以个人负担的高额医疗费用"作为大病界定标准，即如果基本医保报销后自负费用超过灾难性医疗支出标准就是大病，表明政府对"大病"的界定逐渐明晰。一些省份由试点阶段的按"病种"界定大病转变为按"费用"界定。例如，山东省在 2013 年初启动新农合重大疾病医疗保险时，将保障范围明确界定为肺癌、食道癌、终末期肾病以及重性精神疾病等 20 种大病，但在 2015 年正式完成了城乡居民大病保险补偿条件的改革，取消了按病种补偿，过渡到按医疗费用补偿。目前，从各地大病保险实施办法来看，按"费用"界定成为普遍选择。上海市是极少数以病种和治疗方式为大病界定标准的城市[1]。根据 2016 年《上海市城乡居民大病保险办法》，将重症尿毒症透析治疗、肾移植抗排异治疗、恶性肿瘤治疗、部分精神病病种治疗所发生的医疗费用纳入城乡居民大病保险的保障范围，并且未设定起付线。

按照疾病种类界定大病，可能会将医疗支出花费较高的某些疾病排除在外。随着医疗技术进步和疾病谱的变化，对重大疾病的种类目录需要进行调整。学者们普遍认为由于大病范围的动态变化和疾病在不同个体上的差异化反应，以病种作为大病保险保障范围，很难囊括所有医疗费用高昂的病种。

（2）以费用作为界定大病和保险补偿的标准

就"大病"的本质而言，仇雨临（2013）认为大病终归还是一个医疗费用的概念[2]。从保险的原则出发，高小莉（2013）认为以医疗费用作为大病界定标准，只要个人负担的合规医疗费用超过一定额度就进入大病保障范围，享受相同的医疗待遇保障，能够更好地体现保险的原则，实现缓解大额医疗费用压力的政策目标[3]。朱晓文（2013）对比以病种和以费用为大病界定标准的优劣，认为以费用界定大病保险保障范围更趋公平[4]。王琬（2014）认为以医疗费用为大病保险支付标准，合理确定补偿水平，更能体现大病保险的公平性，也更具可操作性[5]。大病保险制度目标是缓解因病致贫、因病返贫，按费用界定是较为理性和实用的选择。

[1]　田文华，段光锋.上海市城乡居民大病保险补偿的微观模拟分析 [J].同济大学学报（社会科学版），2020，31（05）：114-124.

[2]　仇雨临."大病保险"终归是一个医疗费用的概念 [J].中国医疗保险，2013（06）：44.

[3]　高小莉."大病"以医疗费用为判定标准相对公平 [J].中国医疗保险，2013（06）：43-44.

[4]　朱晓文.按费用确定"大病"保障范围更趋公平 [J].中国医疗保险，2013（06）：45-45.

[5]　王琬.大病保险筹资机制与保障政策探讨——基于全国 25 省《大病保险实施方案》的比较 [J].华中师范大学学报（人文社会科学版），2014，53（03）：16-22.

为力争避免发生家庭灾难性医疗支出，我国大病保险提出了"高额医疗费用"，并以个人年度累计负担的合规医疗费用超过当地统计部门公布的上一年度城镇居民年人均可支配收入、农村居民年人均纯收入作为判定标准。当居民医保参保人发生高额医疗费用时，大病保险对经过居民医保按规定补偿后需要个人负担的合规医疗费用给予保障，由此产生了高额医疗费用与合规医疗费用两个不同的概念。这里需要厘清灾难性医疗支出、高额医疗费用、合规医疗费用三者之间的关系。

首先，高额医疗费用不能视同灾难性医疗支出。我国大病保险政策文件对高额医疗费用和灾难性医疗支出未做严格区分，在测算灾难性医疗支出时所采用的测算单位和测算基础均与世界卫生组织（WHO）不同。在测算单位上，世界卫生组织（WHO）以家庭为单位，我国以个人为单位。当个人医疗支出较低而家庭总医疗支出额较高时，就会出现符合世界卫生组织（WHO）认定的灾难性医疗支出，在我国却不满足大病保险补偿条件的情况。在测算基础上，世界卫生组织（WHO）以家庭医疗支出大于或等于家庭非食品支出的 40% 作为判定灾难性医疗支出的标准。将这一标准换算成国内相应统计指标，按 2011 年数据计算，对城镇居民而言大约相当于城镇居民年人均可支配收入，对农民而言大约相当于农村居民年人均纯收入的水平[1]。朱铭来等（2013）在计算后发现我国城镇家庭灾难性医疗支出标准是世界卫生组织（WHO）标准的 1.97 倍，农村家庭灾难性医疗支出标准是世界卫生组织（WHO）标准的 1.44 倍[2]。仇雨临等（2013）认为这种差异可能是由于我国恩格尔系数较高[3]造成的，如果考虑我国人均收入水平与中位数之间的差异，那么农村家庭和中低收入家庭在达到我国大病保险规定的高额医疗费用之前就已经遭遇了家庭灾难性医疗支出。

---

[1] 孙志刚. 实施大病保险是减轻人民就医负担的关键 [J]. 行政管理改革，2012（12）：54-57.

[2] 朱铭来，宋占军，王歆. 大病保险补偿模式的思考——基于天津市城乡居民住院数据的实证分析 [J]. 保险研究，2013（01）：97-105.

[3] 仇雨临，黄国武. 大病保险运行机制研究：基于国内外的经验 [J]. 中州学刊，2014（1）：61-66.

其次，高额医疗费用并不都是合规医疗费用。所谓合规费用，是指实际发生的、扣除基本医疗保险补偿之后纳入大病保险保障范围的个人自负费用[1]，具体范围由地方政府结合当地情况确定。目前，大多数省份将大病保险的保障范围定位于居民医保目录。仅个别地区探索扩展大病保险的保障范围[2]，结果给基金造成了沉重压力，后来又不得不将大病保险的保障范围回归居民医保目录。由于大多数省份的大病保险保障范围相较基本医保目录没有更大拓展，实际上大病保险仍是对高额医疗费用的"二次补偿"。

（3）以费用与病种相结合作为界定大病和保险补偿的标准

从世界各国情况来看，通常商业重疾险是以病种保障为主，而在社会医疗保险或国家医疗保障计划中多以发生的医疗费用和被保险人的支付能力作为大病保障的依据，例如，美国的医疗照顾计划、新加坡的健保双全计划、日本的高额医疗费报销制度等。以病种作为大病的界定标准，管理相对简单、操作性强而且费用较容易控制。但是，限定具体病种把不符合病种目录却又确实发生高额医疗费用的患者排除在受益之外，不能发挥大病保险的兜底保障作用，在公平性上有所欠缺，保障范围有局限性[3]。以费用作为大病的界定标准，凡是个人承担的医疗费用超过规定额度均可进入大病保险保障范围，公平性较好，但是医疗费用难以控制，医保基金超支风险较大[4]。由表 3.2 可知，无论是按"病种"还是按"费用"界定大病，并据此确定大病保险保障范围，都有相应的优点和缺点，不存在哪一种具有绝对优势。

[1]　王先进.城乡居民大病保险的地方实践考察[J].中国卫生事业管理，2014，31（09）：668-671.

[2]　有的地方在基本医保目录的基础上增加通过谈判的高价药品和耗材，还有少数地区则采取"负目录"。

[3]　沈焕根，王伟.大病保险按病种划分公平吗?[J].中国医疗保险，2013（04）：12-13.

[4]　朱晓文.按费用确定"大病"保障范围更趋公平[J].中国医疗保险，2013（06）：45-45.

表 3.2 按 "病种" 与按 "费用" 界定大病的对比

	按病种界定	按费用界定
优点	资金用于严重危及生命健康、费用高昂的特定病种，针对性强	医疗费用达到起付标准即可获得补偿，覆盖面广
	能减少不合理的医疗费用支出	补偿范围容易界定
	筹资压力较小	操作方便，易于统计核算
缺点	纳入保障范围的病种有限，受益面窄	受益面广，平均保障水平较低
	要求对病种有清晰的界定和标准	易引起过度医疗和基金风险
	对大病保障目录的动态调整要求较高	筹资压力大

从全国 31 省（区、市）来看，大多数地区以个人年度累计自负费用作为大病界定标准（表 3.3）。目前没有充分证据和理由表明按 "病种" 补偿比按 "费用" 补偿这一主流方式更加有效，更遑论改变界定方法会带来的转制成本[1]。

表 3.3 全国各地区大病保险的保障范围

保障范围	地区
病种	上海
费用	北京、河北、山西、内蒙古、辽宁、黑龙江、江苏、浙江、江西、山东、湖北、湖南、广东、广西、海南、四川、贵州、云南、西藏、陕西、甘肃、青海
费用 + 病种	天津、吉林、安徽、福建、河南、重庆、宁夏、新疆

资料来源：根据全国 31 省（区、市）城乡居民大病保险政策文件整理。

重大疾病通常与病种有关，费用是评价的重要指标，将病种与费用相结合可以在道德和公平两个方面缓解大病所造成的社会问题[2]。为了实现制度初衷并充分发挥保障功能，需要结合医疗费用高低和具体病种筛选，准确发现大病保险保障的目标群体。在补偿标准上我国应继续坚持按 "费用" 补偿的基本模式，同时注意可能会产生过度医疗风险，控制医疗费用的过快增长。

---

[1] 花亚洲. 中国城乡居民大病保险制度改革与发展策略研究 [D]. 武汉大学，2018.

[2] 褚福灵. 构建重特大疾病保障机制 [J]. 中国医疗保险，2015（08）：17-20.

2. 合规费用与大病保险的保障范围

2012 年《指导意见》提出："大病保险的保障范围要与城镇居民医保、新农合相衔接。城镇居民医保、新农合应按政策规定提供基本医疗保障。在此基础上，大病保险主要是在参保（合）人患大病发生高额医疗费用的情况下，对城镇居民医保、新农合补偿后需个人负担的合规医疗费用给予保障。"《指导意见》首次突破了我国基本医疗保障制度"三个目录"报销范围的约束，允许各地方试点将必要的、合理的医疗费用纳入报销范围，在一定程度上回应了大病患者诊疗往往突破基本医保"三个目录"的现实需求。在实践操作中各地区对合规医疗费用的界定不同。具体哪些项目能进入大病保险的保障范围，存在三种情况。

第一种是沿用基本医保目录。考虑到不给基本医保基金带来风险，大多数省份将大病保险合规医疗费用明确限定在基本医保目录之内，包括北京、广东、江苏、湖北、天津、山东、辽宁[1]等 22 个省（区、市）。第二种是在基本医保目录的基础上再调整。部分省份如山东[2]、内蒙古、浙江、福建、青海[3]等，省级大病保险文件明确了可以通过谈判方式将治疗必须而且疗效显著的基本医保目录范围外的高值药品纳入大病保险的报销范围，有效提高了对重特大疾病患者的保障水平。第三种是设置不予支付项目的"负目录"。甘肃、宁夏[4]等省份大多采用"排除法"来确定合规医疗费用范围，即通过建立"负面清单"对不予报销的项目作出明确规定。显然，第三种办法比前两种办法的保障范围更广。

从制度细节可以看出，大部分地区大病保险合规目录仍然沿用基本医保"三大目录"，报销范围紧紧跟随基本医保，使得高额费用段中基本医保之外的诊疗服务

---

[1]　辽宁大病保险合规范围仍参照基本医疗保险目录，其大病保险实施方案指出"大病保险的支付范围为合规医疗费用，原则上与现行城乡居民基本医保支付范围一致"。

[2]　山东在沿用基本医保目录之外，还将特药费用也纳入大病保险的合规范围。

[3]　青海在基本医疗保险目录基础上增加了 1113 项诊疗项目，形成《城乡居民大病医疗保险合规医疗费诊疗项目》。吉林"合规医疗费用"范围是"基本医疗保险目录＋新农合目录"，增加了 172 个品种。

[4]　宁夏制定了《宁夏回族自治区城乡居民大病保险不予报销的项目》，设置负清单以明确合规费用范围。

和自费药品无法由大病保险报销，极大限制了大病保险对高额费用的保障效果。从 2000 年到 2020 年，我国共进行了 5 次国家医保药品目录调整[1]，每一次调整后基本医保药品目录所包含的药品数量都有所增长[2]。基于大病保险合规费用范围和基本医保目录之间的高度一致性，基本医保药品目录调整会在一定程度上造成大病保险保障范围扩大和基金支出增加。

（三）保障水平

保障水平是大病保险制度目标和制度效果的集中体现。保险计划的补偿方案设计直接影响该计划的保障水平与保障效果，对参保人员的受益情况和基金能否稳健持续运行有着至关重要的作用。补偿方案设计实际上就是建立保险双方的费用分摊机制[3]。按照保险保障的风险范围，可以把补偿模式分为三种：一是风险型，主要针对高风险进行补偿；二是福利型，主要针对低风险人群，关注受益面；三是福利风险型，即前两种的结合[4]。无论哪一种补偿模式，设计补偿方案都需要明确起付线、封顶线和补偿比。张英杰（2008）认为补偿方案设计应当重点考虑起付线、封顶线、补偿比、诊疗和药品目录[5]。许峰等（2018）认为大病保险补偿方案包括起付线、封顶线、补偿比例、区间分段等参数[6]。笔者认为大病保险补偿方案中起付线、封顶线、报销比例、费用分段区间和数量、对特定群体的倾斜性措施这些方面的具

---

[1] 2018 年国家医保局成立当年即将 17 种药品谈判纳入基本医保，2019 年又调整颁布了新版国家基本医保药品目录并启动了对 128 种药品的专项谈判准入。

[2] 新华网.医保药品目录进入动态调整时代[EB/OL].www.xinhuanet.com/health/202008/07/c_1126336354.htm.

[3] 田文华，段光锋.上海市城乡居民大病保险补偿的微观模拟分析[J].同济大学学报（社会科学版），2020，31（05）：114-124.

[4] 李程跃，孙梅，励晓红.研制补偿方案：新型农村合作医疗保险方案研制思路之七[J].中国卫生资源，2013，16（4）：10-12.

[5] 张英洁，李士雪.新型农村合作医疗补偿方案设计的理论研究（二）——补偿方案设计的内涵及思路[J].卫生经济研究，2008（10）：10-12.

[6] 许锋，王晓军，曹桂.我国大病保险区间分段数量的设定[J].数学的实践与认识，2018，48（3）：150-158.

体规定，对于保障水平具有重要影响。

1. 起付线设置

2012 年《指导意见》指出"大病保险主要针对高额医疗费用"。2015 年《意见》提出："大病保险针对的是高额医疗费用，具体标准由地方政府根据实际情况确定。"2012 年《指导意见》虽然没有明确界定大病保险起付线标准，但是基于"力争避免城乡居民发生灾难性医疗支出"的目标，确定了高额医疗费用支出标准是城镇居民年人均可支配收入或农村居民年人均纯收入。

围绕起付标准的设置有三类情形：第一类，设置了具体、明确的起付线金额，包括天津、重庆、河北、河南、吉林、山东、山西、湖北、江西、广东、广西、福建、贵州、云南、海南、陕西、甘肃、青海、西藏、新疆等。其中，甘肃、青海和西藏起付标准较低，为 5000 元。其余省份大多起付标准在 1 万左右，海南、广西起付标准为 8000 元，湖北、山东起付标准为 1.2 万元，重庆市起付标准为 15412 元，新疆和江西的起付标准分别为 9 万和 10 万，相对来说较高。第二类，不设置具体的起付线金额，而是将上年度城镇居民人均可支配收入或农村居民人均纯收入作为测算起付线的依据，包括北京、黑龙江、辽宁、江苏、浙江、湖南、内蒙古等。绝大多数省份按照上年度的农村居民人均收入和城镇居民的人均可支配收入的 50%及以上设置起付线。北京、浙江、湖南、四川等地直接以上年度城镇居民人均可支配收入或上年度农村居民人均纯收入设置起付线。一般而言，起付线与上年度人均可支配收入的比值与经济发展水平相关，经济发达地区的起付线较高[1]。第三类，不设起付线，如上海、内蒙古大部分盟市不设起付线。有的地区仅对贫困群体取消起付线[2]。

2021 年 1 月，国家医保局和财政部联合发布《关于建立医疗保障待遇清单制

---

[1] 张霄艳，赵圣文，陈刚. 大病保险筹资与保障水平现状及改善 [J]. 中国社会保障，2016（09）：81-82.

[2] 河北在 2016 年取消了贫困群体的起付线。贵州六盘水市在 2017 年取消了贫困群众的起付线。

度的意见》（医保发〔2021〕5号），明确了大病保险起付标准原则上不高于统筹地区居民上年度人均可支配收入的50%，对低保对象、特困人员和返贫致贫人口，起付标准降低50%，并要求逐步探索对低保对象、特困人员取消起付标准，对低收入家庭成员按10%左右确定，因病致贫家庭重病患者按25%左右确定。《关于建立医疗保障待遇清单制度的意见》的颁布有利于进一步降低大病保险受益门槛。

2.封顶线设置

封顶线是当地政府直接制定具体数额或是以上一年度城乡居民人均可支配收入为参考，确定大病保险的最高报销额度。在各地区基本医保仍然存在封顶线的情况下，中央鼓励各地区的大病保险不设封顶线。试点之初，50%以上的统筹地区不设封顶线额度，但是随着政策实施推进，越来越多的地区综合考虑基金可持续问题，开始设置封顶线额度。

封顶线设定受到多方面因素共同影响，各统筹地区的情况差异比较大。关于封顶线的规定大致分为四种：第一种是给出封顶的具体数额。2019年山东、山西、河南的封顶线为40万元，湖南为30万元，海南省为22万元，重庆市为20万元，云南为15万。第二种是规定封顶线的范围而没有给出具体数额，例如，浙江按照大病保险起付线的10～15倍设置补偿限额。第三种是并不给出封顶线的范围，少数省级单位规定大病保险封顶线由各州市自行确定。第四种是没有封顶线，如甘肃、宁夏、四川、辽宁、新疆等省份。取消封顶线的省份，有的区分省内和省外就医情况，对省内就医不设封顶线，对省外就医设封顶线；有的区分群体，对困难群体不设封顶线，对其他人群设置封顶线。

设置较低的封顶线会让大病患者无法获得充分保障，高额医疗费用支出往往使家庭陷入贫困。针对重大疾病导致的经济风险，发达国家的保险计划中一般有个人自负医疗费用封顶的安排，而不是设置医保基金支付限额（即封顶线）。根据2010年经济合作与发展组织（OECD）对29个成员国家医疗卫生系统的调查，有 17 个国家设立了个人自负限额 [1]。在德国，个人自负限额不是一个确定额度，而是与参保人年度收入相关的一定比例。高收入者的个人自负限额较高，低收入者的个人自负限额较低，充分体现了社会医疗保险的社会公平性。在美国，《平价医疗法》规定保险公司出售的长期医疗保险必须对参保者设立保险年度的个人支出限额，2015 年个人医疗费用支出不超过 6650 美元，家庭不超过 1.32 万美元 [2]，保护大病患者免受高额医疗费用带来的经济负担。在我国，是否需要设置封顶线？张颖等（2014）认为，考虑到高额医疗费用发生的概率比较低，取消封顶线并不会给医保基金的可持续性带来显著影响，未来随着大病保险制度统筹层次提高带来的风险分散程度的提高，这种影响还将进一步减弱 [3]。宋占军等（2015）也认为有无封顶线对大病保险支付压力影响甚微 [4]。

3. 支付比例

2012 年《指导意见》和 2015 年《意见》要求大病保险的实际支付比例不低于50%，按医疗费高低分段制定支付比例，医疗费越高，支付比例越高 [5]。目前各地大病保险补偿的区间分段模式主要有四种：第一种是区间等分，即每段区间的长度相等，这种模式操作方便，但是不能反映大病费用的实际支出特点；第二种是区间递增，即区间长度随着医疗费用上升而增大，这种模式最为常见，在同一费用水平下更容易获得更大的补偿比例；第三种是区间递减，区间长度随医疗费用上升而减小，在该模式下同一费用水平获得的补偿比例更小，对患重疾的少数人照顾不够；

[1] Paris V, Devaux M, Wei L H . Health Systems Institutional Characteristics: A Survey of 29 OECD Countries[R]. Paris: OECD, 2010: 23-24.

[2] 中国医疗保险研究会，国际劳动保障研究所 . 部分国家（地区）最新医疗保障改革研究 [M]. 北京：经济科学出版社，2016.

[3] 张颖 . 商业健康保险与社会医疗保险制度的对接机制研究 [M]. 北京：中国社会科学出版社，2014.

[4] 宋占军，朱铭来 . 大病保险应设计精准化方案 [J]. 中国卫生，2015（09）：60-61.

[5] 医疗费的分布呈明显偏态特征，按医疗费高低分段制定报销比例，医疗费用越高补偿比例越高有利于最大限度分散高额医疗费用支出风险，但是由于经济条件较好的人群往往更多地使用大病保险，这种安排存在一定的"穷帮富"问题，导致大病保险保障待遇受益的公平性不足。

第四种是固定比例，全国仅青海对大病保险起付线上的医疗费用统一按 85% 的比例报销。该模式操作简便，但是确定合理补偿比例具有难度，太高会给基金造成压力，太低又不能减轻高额费用大病患者的经济负担。在实践中，采取第三种和第四种区间分段模式的地方较少。

理论上在其他条件相同的情况下，补偿区间分段越细、区间数量越多，那么患者能得到的补偿额度就越多，相应的补偿比例越高，但是实际上分段区间的数量不可能无限增加。这不仅对基金长期可持续性的挑战更大，而且不利于控制制度运行成本。反之，如果不划分分段区间或是分段区间的数量较少，不利于区别不同医疗费用的补偿比例，低医疗费用患者也能获得大病保险较高的报销比例，而对真正发生高额医疗费用者保障不力。因此，区间分段数量不宜过多，也不能过少。各地在分段区间的数量上并不一致，宁夏设置了 8 个分段区间，其他地区的区间数量基本在 5 个以下，通常都是三四个区间[1]。目前各地在支付办法上主要有按比例分段支付和分段按比例累加支付，前者是指对处于不同费用段的总合规医疗费用设置不同的政策补偿比例；后者是指按费用的高低分段确定报销比例，对处于不同分段的合规费用进行报销后实行累加予以补偿，患者的自付额度越高，其补偿水平越高。

4. 对建档立卡等困难群体的倾斜

在通常情况下，低收入群体往往面临着更高的疾病发生率和更低的健康水平[2]，即便是较少的医疗服务费用也可能消耗其大部分或全部的财富，使其陷入灾难性医疗支出或贫困境地。重点保护弱势群体的健康权利是医疗保障制度的主要目标之一，大病保险制度也不例外。我国最早开始大病保险探索的湛江市就对特殊人群进行针对性补偿，在基金有限的情况下谋求最大限度减轻特殊人群的就医经济负担。

2015 年《中共中央国务院关于打赢脱贫攻坚战的决定》（中发〔2015〕34 号）

---

[1]　仇春涓，高姝慧，钱林义. 我国大病保险最优补偿分段方式与区间数量研究 [J]. 应用概率统计，2022，38（01）：138-150.

[2]　高梦滔. 城市低收入人群门诊服务利用的实证分析 [J]. 南方经济，2010（1）：28-37.

对"十三五"时期脱贫攻坚作出全面部署,要求到 2020 年我国现行标准下农村贫困人口全部脱贫,实施精准扶贫、精准脱贫的基本方略[1]。2016 年《关于实施健康扶贫工程的指导意见》(国卫财务发〔2016〕26 号)提出,通过逐步降低大病保险起付线、提高大病保险报销比例等实施更加精准的支付政策,提高贫困人口受益水平[2]。2017 年党的十九大报告再次强调坚持精准扶贫、精准脱贫。为了全面实现建成小康社会的奋斗目标,提高建档立卡贫困人员的保障水平,大病保险在原有基础上逐步转向对特殊贫困人群的精准保障。2017 年以后,许多地方进一步降低了建档立卡贫困人口、城乡低保户、特困供养人员等困难群体发生大病医疗费用支出的识别标准,不再沿用之前对全体居民统一划定的判断依据[3]。2018 年国家医保局、财政部、国务院扶贫办印发《医疗保障扶贫三年行动实施方案(2018-2020年)》,明确提出要对农村贫困人口加大大病保险的倾斜力度,起付线降低 50%,支付比例提高 5%,逐步提高并取消封顶线。大部分省份围绕国家精准扶贫目标任务,建立贫困人群大病保障倾斜机制,对低保、特困人员和建档立卡的贫困人口采取了降低起付线、提高支付比例、提高甚至取消封顶线等政策,大病患者医疗费用报销比例在基本医保之上平均提升 10% 以上,建档立卡贫困户"因病致贫"率减少了 9.69%[4]。2021 年《关于建立医疗保障待遇清单制度的意见》(医保发〔2021〕5 号)再次明确:"对低保对象、特困人员和返贫致贫人口,大病保险起付标准降低 50%,支付比例提高 5 个百分点,并取消最高支付限额。"可见,大病保险对困难群体的倾斜力度越来越大。值得注意的是,虽然部分统筹地区大病保险向低保对象、特困人员、建档立卡贫困人口、低收入重度残疾人等困难群体倾斜,

---

[1]　新华社授权发布:中共中央国务院关于打赢脱贫攻坚战的决定[EB/OL]. http://www.xinhuanet.com/politics/2015 -12 /07 / c _ 1117383987.htm? from =groupmessage. 2018-08-20.

[2]　中央政府.关于实施健康扶贫工程的指导意见[EB/OL]. http: / /www.gov.cn /xinwen /2016- 06 /21 /content_5084195. htm. 2016-06 -21.

[3]　韦芸.大病保险对居民医疗费用支出的影响研究[D].中南财经政法大学,2020.

[4]　李华,高健.城乡居民大病保险治理"因病致贫"的效果差异分析[J]. 社会科学辑刊,2018(06):124-141.

但是适用对象范围较为有限，对低收入人群、低保边缘户的保障远远不足[1]。

大病保险的起付线、封顶线、支付比例、分段区间模式与数量等参数设定，关系到大病保险制度核心的保障水平问题，也会影响大病保险与其他医疗保障制度的待遇衔接问题。大病保险自实施以来，政府不断降低大病保险的起付线、提高报销比例、拓展"合规费用"范围，大病保险的保障水平逐渐提升。根据全国实际运行数据，2018 年基本医保与大病保险加总报销水平已经超过 80%[2]。截至 2020 年末，大病保险累计赔付 5535.88 万人，全国大病患者实际报销比例在基本医保的基础上平均提升了 10 ～ 15 个百分点，最高报销金额 111.6 万元[3]。由于大病保险制度的实施，2017 年贫困家庭个人负担医疗费用占比整体下降到 20% 左右[4]，在一定程度上减轻了困难群体的高额医疗费用经济负担。

———————

[1]　朱铭来，谢明明．完善我国重特大疾病医疗保障机制的思考 [J]. 中国医疗保险，2022（01）：21-24.

[2]　人社部．基本保险 + 大病保险的政策报销水平已经超过 80%[EB/OL]. http://www.chinadevelopment.com.cn/news/zj/2018/02/1237756.shtml，2020-02-12.

[3]　人民网．大病保险已覆盖 12.2 亿城乡居民　银保监会鼓励险企参与支付方式改革 [EB/OL]. http://www.finance.people.com.cn/n1/2021/0602/c1004_32120805.html, 2021-06-02.

[4]　仇雨临，冉晓醒．大病保险：为城乡居民筑牢"安全网" [J]. 群言，2019（9）：33-35.

第四章　城乡居民大病保险制度的保障效果

大病保险是我国医疗保障体系的重要组成部分,是促进社会公平正义的重要举措。大病保险的保障功能主要表现为经济补偿,在减轻大病患者经济负担方面发挥作用。大病保险的保障效果反映大病保险履行经济补偿功能和实现预定目标的程度。充分了解当前我国大病保险制度保障效果,依据人民群众需求不断改进和完善制度,才能更好地发挥制度的保障功能。

自大病保险展开试点以来,国内学者纷纷构建指标体系,评价制度运行和实施效果。项莉等(2015)运用受益率、患者自付费用、实际补偿比等指标分析大病保险实施效果[1]。马勇等(2015)对北京、厦门、南昌、武汉和成都等 6 个城市进行问卷调查,收集享受城镇居民大病保险待遇的部分患者信息,分析大病保险在提高实际支付比例、降低参保患者灾难性卫生支出概率等方面的实际效果[2]。詹长春和左晓燕(2016)从受益面、患者个人自付比例、基金使用率等方面,对江苏省 5 个

[1] 项莉,罗会秋,潘瑶,李聪,张颖.大病医疗保险补偿模式及补偿效果分析 —— 以 L 市为例 [J].中国卫生政策研究,2015,8(03):29-33.

[2] 马勇,于新亮,张杰.城镇居民大病保险保障绩效实证研究 [J].中国医疗保险,2015(08):29-32.

地区的大病保险补偿能力进行衡量，发现制度设计、筹资、医疗费用等会对补偿能力和补偿效果产生影响[1]。卢婷（2016）以大病保险对参保患者所发生的医疗费用总额的实际支付比例的提高程度、对参保患者发生灾难性医疗支出概率的降低程度、对低收入患者发生灾难性医疗支出概率的降低程度作为指标，对湖南省城乡居民大病保险制度进行评价[2]。丁一磊等（2017）采取层次分析法评价农村居民大病保障，选取覆盖人数、筹资、补偿、基金支出、大病患者医疗费用为观察指标，认为补偿效果在发达地区与西部落后地区、不同收入水平和户籍的人群之间存在着一定的差异，基金规模大小、补偿制度安排是影响大病保险补偿效果的主要因素[3]。刘彤彤等（2018）采用综合指数法并且选取制度覆盖、基金筹集及使用、受益情况、参保满意度等指标对江苏省某县大病保险进行评价，发现 2016 年样本县大病保险实施效果并不理想，问题主要在"基金使用"方面，基金可持续能力和抗风险能力较弱[4]。段光锋等（2020）运用政策模拟方法，从受益面、可持续性和补偿度三个方面对上海市城乡居民大病保险实施效果进行分析[5]。也有少数研究选择单一指标通常为实际补偿比来评价制度运行效果，如徐伟和杜珍珍（2016）对江苏省 A 市大病保险进行评价、李丹和江珊珊（2019）运用 Logistic 回归分析来评价湖南省 C 市重大疾病保障。

结合国内关于大病保险制度实施效果评价的文献资料和相关政策文件，同时为了保证各指标之间的相对独立性以及能够真实反映不同的内容，本书选取城乡居民

[1] 詹长春，左晓燕. 农村居民大病保险经济补偿能力及效果[J]. 西北农林科技大学学报（社会科学版），2016，16（05）：15-21.

[2] 卢婷. 湖南省城乡居民大病保险制度绩效评价研究[D]. 湖南：湖南师范大学，2016.

[3] 丁一磊，杨妮超，顾海. 中国农村居民重大疾病保障制度评价指标体系构建及运行效果分析——以东中西部 101 个医保统筹地区为例[J]. 南京农业大学学报（社会科学版），2017，17（6）：48-58.

[4] 刘彤彤，周绿林，詹长春，周丽金. 大病保险实施效果评价指标体系构建及应用[J]. 中国卫生经济，2018，37（9）：27-29.

[5] 段光锋，田文华，李阳，曹新君. 上海市城乡居民大病保险实施效果与政策模拟研究[J]. 中国卫生经济，2020，39（11）：23-26.

大病保险受益率、实际报销比、大病保险对灾难性医疗支出的影响作为主要评价指标（表 4.1）。

表 4.1　城乡居民大病保险实施效果评价指标与内容

评价指标	内容
受益率	反映大病保险的实际受益情况
实际报销比	反映大病保险的实际补偿情况
化解灾难性医疗支出的效果	反映大病保险缓解医疗费用负担情况

一、覆盖率与受益率

（一）制度覆盖率

2012 年大病保险试点以来，参保人数逐渐增加。2013 年，大病保险覆盖人数已超过 2 亿[1]。2015 年大病保险在全国范围铺开后发展速度较快，截至 2017 年底全国已基本实现了大病保险全覆盖。截至 2020 年底，大病保险覆盖 12.2 亿城乡居民[2]。大病保险参保人主要是城乡居民，少数地区将城镇职工也纳入大病保险。2016—2020 年我国大病保险的参保数据显示（图 4.1），无论是参保人数还是制度覆盖率均逐年上升。

---

[1]　中国经济网 . 大病医保覆盖人群超 2 亿，将来覆盖人数或超 10 亿 [EB/OL]. https://www.finance.ce.cn/rolling/201308/02/t20130802_1077772.shtml, 2013-08-02.

[2]　陈映东 . 鼓励险企以承办大病保险为抓手，积极参与医疗费用管控、支付方式改革 [EB/OL]. https://finance.china.com.cn/money/insurance/20210601/5585800.shtml,2021-06-01.

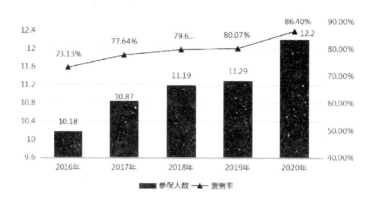

图 4.1　2016—2020 年全国大病保险参保人数和覆盖率

数据来源：原中国保监会、原国家卫生计生委卫生统计信息中心、中国银保监会、国家医疗保障局、中国保险行业协会、国家统计局

（二）制度受益率

受益情况是反映大病保险保障效果的评价指标之一。虽然我国大病保险的受益绝对人次逐年增加，但是受益率（即从大病保险中获得补偿待遇的人数占参保总人数的比重）仍然较低。张霄艳等（2016）在东、中、西部地区抽取 19 个统筹地区展开调研，发现调研地区大病保险平均受益率由 2013 年 0.36% 上升到 2014 年 0.44%。2014 年受益率最高的青海为 0.75%，受益率最低的福州仅为 0.14%[1]。魏哲铭等（2017）对西安市 2013—2015 年城乡居民大病保险受益情况进行研究，发现城镇居民大病保险受益率分别为 0.74%、1.48% 和 1.5%，新农合居民的大病保险受益率分别为 2.76%、4.4%、1.16%[2]。李英英（2021）发现，2016 年甘肃省大病保险受益率为 0.82%，2019 年为 4%[3]。总体来看，各地大病保险的受益率并不高。

---

[1]　张霄艳，赵圣文，陈刚 . 大病保险筹资与保障水平现状及改善 [J]. 中国社会保障，2016（09）：81-82.

[2]　魏哲铭，贺伟 . 城乡居民大病保险制度实施困境与对策 —— 以西安市为例 [J]. 西北大学学报（哲学社会科学版），2017，47（04）：107-113.

[3]　李英英 . 甘肃省城乡居民大病保险基金可持续研究 [D]. 兰州财经大学，2021.

补偿人数和受益率的上升，表明越来越多的大病患者从制度中受益。受益率与补偿方案设计、报销方便程度、医疗费用数额大小等因素有关，其中报销方案设计对受益率的影响最大。提高受益率，除了扩充大病补偿的服务包、简化报销手续之外，还需要降低补偿门槛（即起付线）。现阶段一些地区大病保险补偿门槛较高可能是出于两方面原因：一是通过控制符合报销资格的人数，从而控制基金支出；二是尽量避免零星小额补偿，集中资金用于保障高额医疗费用患者。

二、政策报销比与实际报销比

报销比，也称补偿比，是反映医保制度保障水平的重要指标，具体又可分为政策报销比和实际报销比。政策报销比，是指在规定的政策范围内即规定的服务包范围内，规定的起付线和封顶线等限制条件下，参保人获得的补偿比例。实际报销比，是指从医保制度中得到的补偿占全部医疗服务费用的比重，用来测量该项制度所能提供的实际保障程度。

（一）政策报销比

2012 年《指导意见》指出："以力争避免城乡居民发生家庭灾难性医疗支出为目标，合理确定大病保险补偿政策，实际支付比例不低于 50%；按医疗费用高低分段制定支付比例，原则上医疗费用越高支付比例越高。随着筹资、管理和保障水平的不断提高，逐步提高大病报销比例，最大限度地减轻个人医疗费用负担。"2015 年《意见》明确提出："2015 年大病保险支付比例应达到 50% 以上，随着大病保险筹资能力、管理水平不断提高，进一步提高支付比例，更有效地减轻个人医疗费用负担。按照医疗费用高低分段制定大病保险支付比例，医疗费用越高支付比例越高。鼓励地方探索向困难群体适当倾斜的具体办法，努力提高大病保险制度托底保障的精准性。"2019 年政府工作报告提出，要继续提高城乡居民基本医保和大病保险保障水平，大病保险报销比例由 50% 提高到 60%，进一步减轻大病患者、困难群众医疗负担。同年 4 月，国家医保局、财政部制定印发《关于做好 2019 年城乡居民基本医疗保障工作的通知》（〔2019〕30号），明确大病保险政策范围内报销比例由50%提高至60%，加大大病保险对贫困人口的支付倾斜力度，贫困人口的起付线降低50%，而且支付比例提高5个百分点，并全面取消建档立卡贫困人口大病保险的封顶线。2021年《关于建立医疗保障待遇清单制度的意见》（医保发〔2021〕5号）规定"大病保险支付比例不低于60%"。

为实现政策目标，政府对于大病保险保障水平的调整更多着墨于"政策范围内报销"[1]，设置了报销范围、起付线、封顶线以及报销比例，拉开了政策范围内的报销比与反映保障水平的实际报销比之间的距离。尽管政策报销比从试点阶段的50%上升到现在的60%，增长幅度较大，但是政策报销比是"名义报销比"，对于保障程度而言并没有很大实际意义，现实中往往"名不符实"。大病保险制度是在各统筹地区实行，在各地政策报销比相同的背后，实际报销比差异可能很大。因此，政策报销比无法对制度保障效果进行客观评价。如果过分强调政策报销比，各地政府在制定补偿标准时以政策报销比作为衡量标准，缺乏对实际补偿比的考量，容易导致参保人规定范围以外的医疗费用负担过重，同时会对大病保险运行提供一种非正向的激励；注重基金使用效率和实际补偿比更高的地方，可能得不到应有的鼓励。

（二）实际报销比

实际报销比 = 大病保险基金支付金额 / 总医疗费用[2]，即大病保险全口径报销比，是衡量大病保险真实保障水平的参考指标。李天平等（2013）根据四川省卫生统计数据，认为如果将合规医疗费用限定在政策范围内，患者实际报销比可增加11%[3]。王宝敏等（2014）考察太仓市大病保险，发现城乡居民住院医疗费用实际

---

[1] 胡大洋. 基本医疗保险保障比例应关注实际补偿比 [J]. 中国医疗保险，2014（02）：26.

[2] 马勇，于新亮，张杰. 城镇居民大病保险保障绩效实证研究 [J]. 中国医疗保险，2015（08）：29-32.

[3] 李天平，吴斌，许尉. 四川省城乡居民大病保险合规医疗费用界定研究（一）——2011年城乡居民就诊医疗及医疗保险报销情况分析 [J]. 中国药房，2013，24（36）：361-363.

报销比例提升 12.2%[1]。周平（2014）认为重庆市居民大病保险制度减轻了大病患者的高额医疗费用负担，政策范围内报销比例提高 11%[2]。宋占军（2014）认为大病保险仅提升 12% 的实际支付水平，低收入人群的高额医疗费用负担仍然沉重[3]。张博（2015）分析宁夏地区的统计数据，发现大病保险提升实际报销比例 16%[4]。李珍（2019）指出 2015 年全面建立城乡居民大病保险后，参保人在基本医保报销基础上可获得大病保险报销，实际报销比例可在基本医保的基础上提高 10 个百分点[5]。人社部社保所调研指出，大病保险使大病患者的报销比例提高了 10 ~ 15 个百分点[6]。2019 年银保监会数据显示，大病保险患者实际报销比例在基本医保基础上平均上升了 10 ~ 15 个百分点[7]。根据学界研究与相关管理部门的数据，大病保险在基本医保的基础上提高了 10% ~ 15% 的实际支付比例，进一步提高了城乡居民医疗保障水平，初步实现了大病保险制度设计初衷。

在我国城镇居民医保和新农合实际支付比例约为 50% 的情况下[8]，2012 年《指导意见》提出"实际支付比例不低于 50%"，2015 年《意见》要求"支付比例应达到 50% 以上"。这里明确"实际支付比例"的内涵。就大病保险的政策目标而言，"实际支付比例"应当是在基本医保报销之后大病保险支付的医疗费用占参保

---

[1]　王宝敏，沈健蓉，毕胜 . 大病保险制度可持续发展的路径选择 —— 以江苏太仓大病保险项目三周年实践为例 [N]. 中国保险报，2014-08-26.

[2]　周平 . 重庆市城乡居民大病保险实施后取得的成效 [J]. 中国医疗保险，2014（09）：30-32.

[3]　宋占军 . 城乡居民大病保险运行评析 [J]. 保险研究，2014（10）：98-107.

[4]　张博 . 宁夏大病保险政策对现行制度的影响 [J]. 中国医疗保险，2014（11）：42-45.

[5]　李珍 . 基本医疗保险 70 年：从无到有实现人群基本全覆盖 [J]. 中国卫生政策研究，2019，12（12）：1-6.

[6]　董朝晖，王宗凡，华迎放，赵斌，钟军 . 重特大疾病保障与管理研究 [Z]. 人社部社会保障研究所，2017，5.

[7]　中国银保监会修订城乡居民大病保险制度 [EB/OL]. http://www.cb.com.cn/index/show/bzyc/cv/cv13428111641/p/license/10003.html.

[8]　审计署 . 全国社会保障资金审计结果 [EB/OL].http://www.audit.gov.cn/n1992130/n1992500/3071265.html.

人个人所负担的总医疗费用的比重。按照制度设计，基本医保支付参保人总医疗费用的 50%，大病保险再为参保人支付约 25%，参保人自己只需要负担约 25%。这不仅符合最优健康保险合同提出的"个人负担 20% ～ 30% 医疗费用"的理论要求，也符合世界卫生组织（WHO）"个人现金支出在卫生总费用中的融资比例不高于 20%，则灾难性医疗支出发生率降低到可以忽略的水平"的实践要求 [1]。2019 年政府工作报告要求大病保险报销比例由 50% 提高到 60%，2021 年《关于建立医疗保障待遇清单制度的意见》提出大病保险支付比例不低于 60%，进一步要求大病保险提高报销比例应在 30%。可见，大病保险提高实际报销比的成效和政策设计目标之间尚有不小的差距。

在实践中，各地区把对"实际支付比例"的要求异化为"政策报销比"要求。政策报销比是扣除大病保险起付金额后，在"合规医疗费用"基础上的报销比。起付金额之下的费用和非合规医疗费用由参保人自己承担。如果起付标准较高或者参保人的非合规医疗费用如自费医疗项目较多，即便政策报销比较高，实际支付比也是比较低的。用"政策报销比"来替代"实际支付比"，是各地大病保险政策报销比虽不低，提高参保人实际支付比例却不超过 15% 的一个解释原因。政策报销比与实际报销比之间差距较大。造成这种差距的主要原因是对服务包的限制 [2]。这种差距越大，对大病保险的发展越不利；参保人会感到政策规定的预期收益与实际收益之间差别较大，对政策产生不信任感。

实际报销比应保持在合理限度内，如果过高，会破坏保险费用分担机制，损害制度的稳健运行；如果偏低，又会对参保人的受益程度、参保积极性和制度长期可持续发展产生不利影响。相较政策报销比而言，科学确定实际报销比是更具难度的一项工作。提高实际报销比可以通过优化制度补偿方案来实现，采取降低大病保险的起付线、取消封顶线、扩大合规医疗费用范围以及提高政策报销比等多项措施。

---

[1] ATIM C. Social Movements and Health Insurance: A Critical Evaluation of Voluntary, Non-profit Insurance Schemes with Case Studies from Ghana and Careroon[J]. Social Science & Medicine, 1999, 48(7): 881-896.

[2] 毛正中 . 政策范围内补偿比与实际补偿比辨析 [J]. 中国卫生人才，2011（05）：45.

三、大病保险化解灾难性医疗支出的效果

对于医疗保险能否降低灾难性医疗支出的发生，学界观点并不一致。有的学者认为医疗保险能够减轻个体因疾病冲击而带来的医疗经济负担，有效地减少灾难性医疗支出的发生。兰森（Ranson，2002）[1]、塞佩赫里（Sepehri，2006）[2] 和劳拉（Lara，2011）[3] 分别研究各地情况，发现有医疗保险后当地居民明显地降低了自付医疗支出，认同医疗保险具有降低灾难性医疗支出的作用。有的学者基于 2005 年对 3 个县市调查数据，认为新农合在一定程度上降低了灾难性医疗支出发生率，但调查地区的灾难性医疗支出发生率仍处于较高水平[4]。周钦等（2013）研究医疗保障水平对医疗负担的影响，发现随着报销比例的上升，医保对个人自付医疗支出和家庭灾难性医疗支出发生的可能性有显著的负向影响，而且影响的大小随着报销比例的提高而增加[5]。王晓蕊和王红漫（2017）根据中国 8 个省市调研数据，利用 Logit 模型实证分析的结果显示，基本医保显著地减少了居民灾难性医疗支出发生[6]。赵圣文等（2019）运用统计分析方法，比较青海省 4 地区 5 个医疗支出水平下灾难性医

---

[1]　Michael Kent Ranson. Reduction of Catastrophic Health Care Expenditures by a Community-Based Health Insurance Scheme in Gujarat, India: Current Experiences and Challenges [J]. Bulletin of the World Health, 2002, 80(8): 613-621.

[2]　Sepehri A, Simpson W, Sarma S. The Influence of Health Insurance on Hospital Admission and Length of Stay: The Case of Vietnam. Social Science & Medicine, 2006, 63(7): 1757-1770.

[3]　Lara J L A, Fernando Ruiz Gómez. Determining factors of catastrophic health spending in Bogota,Colombia. International Journal of Health Care Finance & Economics, 2011, 11(2) : 83-100.

[4]　Zhang L, Cheng X, Tolhurst R, et al. How Effectively can the New Cooperative Medical Scheme Reduce Catastrophic Health Expenditure for the Poor and Non-Poor in Rural China?[J]. Tropical Medicine & International Health, 2010, 15(4): 468-475.

[5]　周钦, 臧文斌, 刘国恩 . 医疗保障水平与中国家庭的医疗经济风险 [J]. 保险研究, 2013（07）：95-107.

[6]　王晓蕊, 王红漫 . 基本医疗保障制度对于改善灾难性卫生支出效果评价 [J]. 中国公共卫生, 2017, 33（06）：901-904.

疗支出的发生率和发生强度数据，发现大病保险降低了相应发生率[1]。李庆霞和赵易（2020）使用中国健康与养老追踪调查数据库（CHARLS）2011年、2013年和2015年三期面板数据，采用双重差分模型研究大病保险对家庭灾难性医疗支出的影响，发现两个政策期的家庭灾难性医疗支出发生率分别下降5.94%和3.4%，大病保险在不同程度上消减了目标保障群体灾难性医疗支出，其中低收入和中低收入水平群体受政策影响效果最好[2]。

有的学者则认为医疗保险并不会降低发生灾难性医疗支出的风险，或是认为两者之间并没有比较明显的关系。瓦格斯塔夫（Wagstaff，2008）利用中国三项微观调查数据综合分析医疗保险对居民医疗服务自付金额的影响，发现医疗保险并没有表现为减少居民自付医疗支出，反而进一步增加其发生灾难性医疗支出的可能性，并认为主要原因在于医疗保险鼓励了人们在生病时释放医疗需求和追求高质量的医疗服务[3]。王超群等（2014）根据某市调查数据，测算在不同保障程度下该市城乡居民家庭灾难性卫生支出的发生率、平均差距、相对差距和集中指数，认为大病保险对该市城乡居民家庭灾难性卫生支出影响较弱[4]。陈在余等（2016）利用中国健康与营养调查数据（CHNS），使用Probit模型分析新农合对我国农村居民灾难性医疗支出的影响，发现新农合普及后农村居民灾难性医疗支出发生率和发生强度并未呈现下降趋势，新农合政策对农民灾难性医疗支出发生率无显著影响[5]。李勇等（2019）基于中国健康与养老追踪调查数据库（CHARLS）2011

――――――――――

[1] Zhao S, Zhang X, Dai W, et al. Effect of the Catastrophic Medical Insurance on Household Catastrophic Health Expenditure: Evidence from China[J]. Gaceta Sanitaria, 2019, 34 (4) : 370-376.

[2] 李庆霞，赵易. 城乡居民大病保险减少了家庭灾难性医疗支出吗 [J]. 农业技术经济，2020（10）：115-130.

[3] Wagstaff A, Lindelow M. Can Insurance Increase Financial Risk: The Curious Case of Health Insurance in China[J]. Journal of health Economics, 2008, 27(4): 990-1005.

[4] 王超群，刘晓青，刘晓红，顾雪非. 大病保险制度对城乡居民家庭灾难性卫生支出的影响――基于某市调查数据的分析 [J]. 中国卫生事业管理，2014，31（06）：433-436.

[5] 陈在余，江玉，李薇. 新农合对农村居民灾难性医疗支出的影响――基于全民覆盖背景分析 [J]. 财经科学，2016（12）：110-120.

年和 2015 年两期面板数据，运用描述性统计法和两部模型法进行分析，发现大病保险总体上降低了中老年人灾难性卫生支出的发生率，但是没有显著降低发生强度[1]。段婷等（2017）依据北京市 3 个区县问卷调查信息进行分析，发现经过大病保险报销 3 个区县大病患者平均自付费用明显减轻、实际补偿比均有不同程度的提高，灾难性医疗支出发生率、差距有所下降，但不明显[2]。王翌秋等（2019）采用倾向得分匹配法进行研究，认为基本医疗保险无法显著缓解农村家庭灾难性医疗支出[3]。

总之，目前针对大病保险制度与灾难性医疗支出影响的研究，大部分都是对大病保险补偿前后灾难性医疗支出的发生率和发生强度变化进行描述统计，运用计量回归模型的研究较少，而且一般采用 Logit 和 Probit 模型研究大病保险与灾难性医疗支出之间的关系，但是两者关系并不是简单的单方向因果关系，相互影响比较复杂。此外，相关文献大多是以截面数据的统计分析或者选择单一或数个城市作为样本。

涉及将近 12.2 亿城乡居民切身利益的大病保险制度，是否实现了"力争避免城乡居民发生灾难性医疗支出"的制度目标呢？大病保险对城乡居民家庭灾难性医疗支出发生率和发生强度有何影响？大病保险制度在减轻医疗费用负担上，保障效果如何？笔者拟基于中国家庭追踪调查（CFPS）三期面板数据进行分析研究。

（一）资料来源

本书选用北京大学中国社会科学调查中心发布的中国家庭追踪调查（CFPS）2010 年、2016 年和 2018 年三期面板数据。之所以选择该数据库是出于如下考虑：

---

[1] 李勇，周俊婷，赵梦蕊. 大病保险对我国中老年人家庭灾难性卫生支出影响实证分析 [J]. 中国卫生政策研究，2019，12（06）：41-46.

[2] 段婷，高广颖，马骋宇，贾继荣，马千慧，那春霞. 北京市新农合大病保险实施效果分析和评价 [J]. 中国卫生政策研究，2015，8（11）：41-46.

[3] 王翌秋，徐登涛. 基本医疗保险是否能降低居民灾难性卫生支出？——基于 CHARLS 数据的实证分析 [J]. 金融理论与实践，2019（02）：87-94.

第一，家庭医疗保障和医疗服务利用信息较为全面，涵盖了家庭成员医保参保情况、家庭成员健康水平和家庭医疗费用支出等。第二，多阶段且时间连续，该数据从 2010 年起每两年调研一次，已连续发布多期，样本量较稳定。第三，多层次且代表性鲜明，年度数据涉及个人、家庭和社区三个微观层面，覆盖 28 个省级行政单位、621 个社区单位、13946 个家庭单位以及 33296 个人。第四，相关研究成果丰富，适合本书主题。CFPS 数据已经被广泛应用于健康经济、社会保障等领域。我国大病保险于 2012 年开始试点，该数据库在 2012 年以后的调查趋于成熟，可为研究大病保险对灾难性医疗支出的影响提供充分数据支持。

本书以城乡居民家庭作为研究对象，将户主个体特征作为样本家庭个体特征信息。考虑到我国大病保险实施时点和本书研究需要，选取 CFPS 数据库 2010 年、2016 年和 2018 年三期数据。为了构建平衡面板数据，对原始数据进行了一定处理，删除了核心变量缺失值和不适用样本，只保留各年度不存在缺失的家庭样本。对于非核心解释变量缺失值进行如下处理：第一，类别变量。删除"婚姻状况""自评健康状况""是否有慢性病""过去 1 个月是否看过门诊""过去 1 年是否住过院""有无社会医疗保险""户口性质""城乡"具有变动性的变量缺失值。"性别"变量随时间变动的可能性较小，根据"个人编号"和未缺失年份数据进行插补，对不能插补的做删除处理。第二，连续变量。"家庭人均年收入"以户为单位，取该户已知年份数据平均值。由于"家庭人均年收入"容易出现极端值，对其取对数处理。为了防止出现负值的情况，取对数前加 1，并且对上下各 5% 的极端值予以"缩尾"处理。"受教育年限"取所有观测值平均值。"年龄"根据"个人编号"和已知年份年龄数据插补；否则，用观察值年龄平均值进行插补。处理后获得 3896 组家庭平衡面板数据，共计 19631 个。

（二）研究方法

1. 变量选取

（1）被解释变量

在本书中被解释变量为"是否发生灾难性医疗支出"（IR）和"灾难性医疗支出强度"（OI）。本书采用世界卫生组织（WHO）对家庭灾难性医疗支出的定义，即在一定时期内家庭医疗支出等于或超过家庭非食品支出的 40%[1]。家庭医疗支出，在 CFPS 数据中选取"过去 12 个月家庭直接支付的医疗保健支出"综合变量进行测量。家庭非食品支出，在 CFPS 数据中采用"过去 12 个月家庭消费性总支出"减去"过去 12 个月家庭食品支出"。灾难性医疗支出发生率（IR）指调查范围内发生灾难性医疗支出的个体家庭占全部家庭的比例[2]，用来衡量家庭灾难性医疗支出的发生概率。灾难性医疗支出发生强度（OI）指发生灾难性卫生支出的家庭，其医疗费用支出占家庭非食品支出之比与 WHO 界定标准值 40% 之间差值的平均值，用来衡量灾难性医疗支出发生的严重程度。

（2）解释变量

核心解释变量为"是否实施大病保险"。我国大病保险在 2012 年开始试点，将 2010 年视为未实施大病保险。2015 年，大病保险制度在全国范围全面展开，到 2017 年全国已基本实现大病保险全覆盖，因此，将 2016 年和 2018 年视为已实施大病保险。

（3）控制变量

控制变量包括样本家庭户主的个体特征、样本家庭特征和时期。样本家庭户主的

---

[1] Wagstaff A, Van Doorslaer E V. Catastrophic and Impoverishment in Paying for Health Care: With Applications to Vietnam 1993-1998[J]. Health Economics, 2003, 12(11): 921-933.

[2] 陈在余，江玉，李薇. 新农合对农村居民灾难性医疗支出的影响 —— 基于全民覆盖背景分析 [J]. 财经科学，2016（12）：110-120.

个体特征，包括年龄、性别、户籍、婚姻状况、受教育程度、自评健康状况、是否有慢性病、门诊服务利用状况、住院服务利用状况、有无社会医疗保险。样本家庭特征，包括户口状况、家庭人均纯收入、家庭规模。时期是指数据访问收集年份。

2. 模型构建

本书通过 Logit 回归和线性回归分析大病保险对灾难性卫生支出的影响。为提高样本使用效率，首先使用混合回归进行估计，前提是所有样本不存在异质性，但这显然与实际不符。此外，为了更好地控制不可观测混杂因素，包括不随时间改变而随个体改变的因素如家庭消费习惯，以及随时间改变而不随个体改变的因素如其他医药卫生政策等，使用双向固定效应模型进行估计并作为最终结果。同时，在混合回归中加入年份变量，该变量被分为不同年份，设置为虚拟变量，比较两者结果证明结果稳健性。

本书采用 Logit 混合回归模型（模型 1）和 Logit 双向固定效应模型（模型 2）分析大病保险对灾难性卫生支出发生率的影响。

模型 1：$\text{Logit}(P|Y1_{i,t}=1)=\beta_1\text{Insur}_{i,t}+\theta_1 X_{i,t}+\varepsilon_{i,t}$

模型 2：$\text{Logit}(P|Y1_{i,t}=1)=\beta_2\text{Insur}_{i,t}+\theta_2 X_{i,t}+\mu_i+\lambda_t+\varepsilon_{i,t}$

对于已经发生灾难性卫生支出的家庭，采用线性回归的混合回归模型（模型 3）和双向固定效应模型（模型 4）分析大病保险对灾难性卫生支出强度的影响。

模型 3：$Y2_{i,t}=\beta_3\text{Insur}_{i,t}+\theta_3 X_{i,t}+\varepsilon_{i,t}$

模型 4：$Y2_{i,t}=\beta_4\text{Insur}_{i,t}+\theta_4 X_{i,t}++\mu_i+\lambda_t+\varepsilon_{i,t}$

其中，Y1 是模型 1 和模型 2 的被解释变量，表示"是否发生灾难性医疗支出"。Y2 是模型 3 和模型 4 的被解释变量，表示"灾难性医疗支出发生强度"。Insur 为核心解释变量，代表是否实施大病保险（取值 0 或 1 的虚拟变量），β 是对应系数。X 表示控制变量，为对应系数。μ_i 表示随个体改变而不随时间改变的混杂因素，λ_t 表示随时间改变而不随个体改变的混杂因素，ε 为残差项。此外，为直观呈现各解释变量对灾难性医疗支出发生率影响的大小，在 Logit 回归模型基础上，求出各解释变量系数边际效应。随后用 Stata15.0 软件，采 Probit 模型和 Tobit 模型的混合回归和随机效应模型进行稳健性检验，检验水平为 α=0.05。

（三）研究结果

1. 基本情况

全体家庭样本量为 19631 家，其中发生灾难性卫生支出的家庭样本量为 3185 家。如表 4.2 所示，家庭灾难性卫生支出平均发生率为 16.2%；平均发生强度为 0.22。全体家庭样本中大病保险平均覆盖率为 51.3%，比已经发生灾难性卫生支出的家庭略高。此外，全样本中过去 1 个月看过门诊占比和过去 1 年住过院占比这两项均低于已经发生灾难性卫生支出家庭样本的对应数值。

表 4.2　变量定义及描述性统计

变量名和定义	全样本家庭		已发生灾难性医疗支出家庭	
	均值	标准差	均值	标准差
是否发生灾难性卫生支出 IR（否 =0，是 =1）	0.162	0.371		
灾难性卫生支出强度 OI			0.223	0.157
是否实施大病保险（否 =0，是 =1）	0.515	0.498	0.496	0.497
户主性别（女 =0，男 =1）	0.681	0.463	0.679	0.388
户主年龄（岁）	51.632	12.226	57.287	12.648
户主婚姻（非在婚 =0，在婚 =1）	0.894	0.313	0.862	0.351
户主受教育程度	7.214	4.348	5.947	4.435
自评健康（差 =0，好 =1）	0.597	0.493	0.424	0.503
是否有慢性病（否 =0，是 =1）	0.191	0.397	0.312	0.466
一个月是否门诊（否 =0，是 =1）	0.242	0.431	0.370	0.485
一年内是否住院（否 =0，是 =1）	0.118	0.322	0.266	0.443
有无社会保险（无 =0，有 =1）	0.919	0.279	0.915	0.302

续表

变量名和定义	全样本家庭		已发生灾难性医疗支出家庭	
	均值	标准差	均值	标准差
户口性质（非农业 =0，农业 =1）	0.731	0.447	0.768	0.426
家庭年人均纯收入对数（元）	8.829	1.119	8.566	1.149
家庭规模（人）	3.809	1.725	3.401	1.747
城乡（乡村 =0，城镇 =1）	0.426	0.496	0.354	0.480
2010 年（否 =0，是 =1）	0.200	0.400	0.254	0.436
2016 年（否 =0，是 =1）	0.200	0.400	0.213	0.401
2018 年（否 =0，是 =1）	0.200	0.400	0.176	0.381

注：括号内为变量赋值或单位。

2. 稳健性检验

Logit 模型混合回归（模型 1）和双向固定效应模型（模型 2）估计结果显示，大病保险对灾难性医疗支出发生率的影响无统计学意义，$P > 0.05$，边际系数符号都为负。用 Probit 模型混合回归和随机效应模型进行稳健性检验，结果显示大病保险对灾难性医疗支出发生率的影响无统计学意义，$P > 0.05$，边际系数符号都为负，与 Logit 模型回归结果一致，表明结果稳健。

线性回归模型混合回归（模型 3）和双向固定效应模型（模型 4）估计结果显示，大病保险对灾难性医疗支出发生强度的影响无统计学意义，$P > 0.05$，系数符号均为正。由于灾难性医疗支出强度的范围在 0 ~ 0.6 的范围之间，具有归并特征，因此使用 Tobit 模型混合回归和随机效应模型进行稳健性检验，结果显示大病保险对灾难性医疗支出强度的影响无统计学意义，$P > 0.05$ 与线性回归模型的结果一致，表明结果稳健。

3. 大病保险对灾难性卫生支出的影响结果分析

运用 CFPS 三期面板数据分析城乡居民大病保险对灾难性医疗支出的影响,发现大病保险对灾难性医疗支出发生率和强度均无统计学意义,大病保险并未达到降低灾难性医疗支出的政策目标(表 4.3)。

表 4.3 大病保险对灾难性医疗支出的影响回归分析结果

变量及常数项	模型 1a 边际系数	模型 2b 边际系数	模型 3a 边际系数	模型 4b 边际系数
是否实施大病保险(否)	-0.0039	-0.0260	0.0132	0.0023
	(0.0113)	(0.0267)	(0.0129)	(0.0231)
性别(女)	0.0037	-0.0002	-0.0137**	-0.0026
	(0.0062)	(0.0172)	(0.0062)	(0.0158)
年龄	0.0038*	0.0029*	0.0008*	0.0013
	(0.0003)	(0.0009)	(0.0003)	(0.0011)
婚姻状况(非在婚)	0.0120	0.0749**	-0.0190**	-0.0195
	(0.0092)	(0.0293)	(0.0084)	(0.0264)
受教育年限	-0.0041*	0.0042	-0.0010	-0.0004
	(0.0006)	(0.0028)	(0.0005)	(0.0024)
自评健康状况(差)	-0.0413*	-0.0281**	-0.0132**	-0.0047
	(0.0057)	(0.0142)	(0.0060)	(0.0125)
是否有慢性病(否)	0.0387*	0.0402*	-0.0116	-0.0071
	(0.0071)	(0.0151)	(0.0062)	(0.0122)
一个月是否门诊(否)	0.0294*	0.0340**	0.0001	0.0054
	(0.0066)	(0.0149)	(0.0062)	(0.0128)
一年内是否住院(否)	0.1535*	0.2441*	0.0362*	0.0576*
	(0.0101)	(0.0253)	(0.0067)	(0.0128)

续表

变量及常数项	模型 1a 边际系数	模型 2b 边际系数	模型 3a 边际系数	模型 4b 边际系数
有无社会医疗保险(无)	-0.0005	0.0143	0.0051	0.0046
	(0.0095)	(0.0225)	(0.0106)	(0.0210)
户口性质（非农业）	0.0045	-0.0389	0.0105	-0.0429
	(0.0086)	(0.0361)	(0.0084)	(0.0309)
家庭人均纯收入对数	-0.0194*	-0.0136**	-0.0070**	-0.0067
	(0.0025)	(0.0061)	(0.0028)	(0.0056)
家庭规模	-0.0157*	-0.0048	-0.0050**	-0.0007
	(0.0017)	(0.0073)	(0.0021)	(0.0073)
城乡（乡村）	-0.0345*	-0.0681	-0.0078	-0.0415
	(0.0071)	(0.0382)	(0.0072)	(0.0384)
数据访问年份（2010）				
2016	-0.0558	-0.0762*	-0.0451*	-0.0562*
	(0.0161)	(0.0309)	(0.0147)	(0.0301)
2018	-0.1013*	-0.1594*	-0.0641*	-0.0801*
	(0.0145)	(0.0325)	(0.0163)	(0.0305)
常数项			0.2763*	0.2896
			(0.0336)	(0.0962)

注：括号内文本为参考水平，括号内数据为标准误。*，**分别表示在0.001和0.005水平上显著。a为混合回归模型中加入了年份虚拟变量，b为双向固定效应模型中控制了时间效应和个体效应。

由表4.3可知，"1年内是否住院"是灾难性医疗支出的重要影响因素。多数学者认为，大病保险对灾难性医疗支出发生率和发生强度的影响较弱甚至不明显。本书研究结论与之一致。部分学者认为大病保险对缓解灾难性医疗支出有较好效果，可能是由于其研究局限在某特定区域范围，各统筹地区的大病保险差异较大。此外，数据来源和数据时间、变量选择、分析方法等方面的不同也会导致大病保险对灾难性医疗支出影响的研究结论不同。

本书的局限在于：第一，根据 2010 年、2016 年和 2018 年 CFPS 三期数据进行研究，可以简化研究，对比结果更为清晰，但是没有加入 CFPS 其他调查年份数据，在大病保险对灾难性医疗支出影响的动态变化趋势上把握不够全面。第二，没有研究大病保险对不同收入和不同地区家庭灾难性医疗支出影响的差异，研究有待进一步深入。

总之，我国大病保险自 2012 年试点以来已运行多年，但是大病保险在降低家庭灾难性医疗支出发生率和发生强度上影响并不显著，没有真正解决人民群众灾难性医疗支出的问题，未来需要进一步切实提高其实际保障效果，通过制度的不断优化与完善，实现其政策目标。

第五章　城乡居民大病保险制度的保障能力

医疗保险一般是以年为单位进行结算，无须像养老保险制度一样进行基金积累。这减少了医保基金蒙受通货膨胀损失的风险，但是仍然不可忽视医保基金财务平衡问题。城乡居民大病保险的保障能力反映了制度在履行保障功能上所具备的现实和潜在水平。稳定和可持续的保障能力是确保大病保险实现保障功能的前提和基础，保障效果则是检验大病保险保障能力高低的重要标准。保障能力与保障效果相互作用，共同决定制度的长远发展。大病保险基金为制度运行的物质基础，大病保险是否具有可持续保障能力的关键是基金收支平衡问题。本书拟从大病保险基金的收入端、支出端、收支平衡三个方面对保障能力进行分析。

一、基金收入端影响因素

参保人数、筹资渠道和筹资标准决定大病保险基金规模，统筹层次则影响基金财务稳定性。一般而言，参保人数越多、筹资渠道越广、筹资标准越高，基金规模就越大。统筹层次越高，基金的风险分散能力就越强，财务更趋稳定。

（一）筹资渠道

2012 年《指导意见》提出，大病保险资金主要是从城镇居民医保基金、新农合基金中划出一定比例或额度。城镇居民医保和新农合基金有结余的地区，利用结余筹集大病保险资金；结余不足或没有结余的地区，在城镇居民医保、新农合年度提高筹资时统筹解决资金来源，逐步完善城镇居民医保、新农合多渠道筹资机制。在试点工作中，各地资金来源政策基本与《指导意见》保持一致，只是在表述上存在细微差异。例如，湖北省规定："各地根据确定的年度筹资标准，从城镇居民医保基金、新农合基金中划出一定额度，按规定拨付给商业保险机构，作为大病保险资金。"吉林省除了规定大病保险资金来自基本医保的新增补助资金和基金结余外，还具体明确 2013 年大病保险资金先从当年新增的城镇居民和农村居民补助资金中人均提取 40 元，再从结余中按照城镇居民人均 20 元、农村居民人均 10 元的标准提取。部分省份拓展了大病保险资金的来源渠道，如山西省城乡居民大病保险依法接受各种形式的社会捐助，将社会捐助纳入大病保险资金来源。广东省提出"有条件的地区可结合当地实际，探索政府补助、公益慈善等多渠道筹资机制"[1]。2015 年《意见》再次指出："从城乡居民基本医保基金中划出一定比例或额度作为大病保险资金。城乡居民基本医保基金有结余的地区，利用结余筹集大病保险资金；结余不足或没有结余的地区，在年度筹集的基金中予以安排。"

目前，绝大多数省份的大病保险资金来源是按照 2012 年《指导意见》和 2015 年《意见》要求，从城镇居民基本医保基金和新农合基本医保基金（或称城乡居民基本医保基金）中划拨。有的地区采用定额筹资办法，有的地区采取比例筹资办法。不管采取哪一种筹资办法，都不会改变大病保险基金立足于基本医保基金的事实。

---

[1] 广东省人民政府.《广东省人民政府办公厅关于印发开展城乡居民大病保险工作实施方案（试行）的通知》[EB/OL]. http://www.gd.gov.cn/gkmlpt/content/0/141/post_141790.html#7，2013-04-03.

大病保险制度筹资能力高度依赖于城乡居民基本医保基金，而我国基本医保基金已经面临较大的赤字风险。现阶段大病保险筹资的渠道决定了其筹资稳定性很容易受到基本医保基金风险的冲击。

（二）筹资标准

筹资标准是与补偿标准及保障效果密切相关的一个重要指标。筹资标准过低，那么大病保险基金收入规模有限，无法发挥制度的保障效能。筹资标准过高，又会给基本医保制度带来沉重的财务压力，影响基本医保的效能，甚至对其可持续发展造成损害。

大病保险制度设计之初，国务院医改办曾在 2011 年对城镇居民医保和新农合抽取 1 亿人样本，测算出全国大病平均发生概率为 0.3%，按照 50% 的实际报销比例测算出平均每人每年从医保基金中拿出 45 元左右即可保障大病[1]。根据对外经济贸易大学保险学院 2014 年对全国 25 省份的调查，除青海、吉林等少数省份人均筹资额 50 元，超出 40 元的水平外，其他大多数省份所规定的筹资标准都不高，通常在人均 20 ～ 30 元[2]。全国各地大病保险筹资标准存在较大差异（表 5.1）。按照筹资金额是否固定，筹资办法主要有两种：一种是固定标准，确定具体金额。有的地区对所有筹资对象适用同一具体金额，有的地区则对城乡居民区别对待。另一种是浮动标准，即大病筹资与基本医保挂钩，按照当年居民医保基金的一定比例筹资。其中，按 5% 比例筹资的省份居多，包括内蒙古、贵州、江西、北京、湖南、湖北、广东等。河南和四川按 6% 的比例筹资。上海按当年城乡居民基本医疗保险基金筹资总额的 2% 的比例筹资。

————————

[1]　陈文辉. 我国城乡居民大病保险发展模式研究 [M]. 北京：中国经济出版社，2013.

[2]　王琬. 大病保险筹资机制与保障政策探讨 —— 基于全国 25 省《大病保险实施方案》的比较 [J]. 华中师范大学学报（人文社会科学版），2014，53（03）：16-22.

表 5.1　我国各省（区、市）大病保险筹资办法与标准

筹资办法	筹资标准	地区
定额筹资	28/ 人	重庆
	农村居民 25/ 人，城镇居民 29/ 人	海南
	30/ 人	安徽
	不高于 35/ 人	广西
	20-35/ 人	河北、陕西
	37/ 人	宁夏、西藏
	农村居民不低于 35/ 人，城镇居民不低于 38/ 人	辽宁
	20-40/ 人	云南
	40/ 人	浙江、天津
	50/ 人	山西
	55/ 人	甘肃
	15-55/ 人	江苏
	60/ 人	青海、吉林
	66/ 人	山东
	68/ 人	福建
比例筹资	城乡居民基本医保基金筹资总额的 2%	上海
	城乡居民基本医保基金筹资总额的 5%	湖北、湖南、广东、北京、内蒙古、江西、贵州，黑龙江、新疆
	城乡居民基本医保基金筹资总额的 6%	河南、四川

资料来源：根据各省（区、市）大病保险具体实施方案整理所得。

《2021 年全国医疗保障事业发展统计公报》显示，2017—2021 年，我国城乡

居民医保人均筹资额从 630 元上升到 889 元，参保人数从 8.73 亿增加 10.08 亿 [1]。随着居民医保的筹资标准不断上升和参保人数增加，大病保险的筹资标准和基金收入也水涨船高。经济发展会带动大病保险筹资标准上升。从一些具有代表性的城市来看，相较制度试点阶段和初级阶段，大病保险筹资水平增加较为明显。各地的经济发展水平决定了医保筹资能力。随着未来国家经济发展和各地经济水平逐步均衡，大病保险筹资水平的地区差异也会逐步缩小。

（三）统筹层次

2012 年《指导意见》指出："开展大病保险可以市（地）级统筹，也可以探索全省（区、市）统一政策，统一组织实施，提高抗风险能力。有条件的地方可以探索建立覆盖职工、城镇居民、农村居民的统一的大病保险制度。"2015 年《意见》指出："原则上实行市（地）级统筹，鼓励省级统筹或全省（区、市）统一政策、统一组织实施，提高抗风险能力。"可见，国家层面的政策文件并没有对大病保险的最低统筹层级作出规定，在实践中部分地区可能统筹层级较低。2016 年，16 家商业保险公司承办的大病保险项目共有 605 个。其中，省级统筹 13 个，地市级统筹项目 324 个，县区级统筹项目 268 个 [2]。统筹层次较低可能会因为发生部分重特大医疗费用而导致当地的大病保险基金入不敷出，影响基金安全。河南、吉林、山东、安徽、西藏、青海 [3]、甘肃、北京、重庆、上海等地实行省级统筹。率先实行省级统筹的地区，通常都具有人口密度低、辖区内城乡差异相对较小的特点，便于实现大范围统筹。省级统筹扩大了覆盖范围，提高了制度的抗风险能力，在全省层

---

[1] 国家医疗保障局 . 2021 年全国医疗保障事业发展统计公报 [EB/OL]. http://www.nhsa. gov.cn/art/2022/6/8/art_7_8276.html. 2022-06-08.

[2] 国新办举行城乡居民大病保险创新发展有关情况发布会 [EB/OL]. http://www.scio. cn/xwfbh/xwbfbh/wqfbh/33978/35288/index.htm. 2016-10-19.

[3] 青海大病保险为省级统筹，实现了筹资标准、起付标准、支付水平、资金管理、招标程序全省统一，但是青海的基本医保制度为市级统筹。

面实现了政策公平[1]。

从大病保险的保险属性来看，保险经营的数理基础是大数法则，参加保险的人越多、空间分布越广，基金稳定性越强。较高的统筹层次可以使保险在更大范围内互助互济，更有利于分散风险。但是，统筹层级并非越高越好。目前大病保险起付线是以当地城镇居民人均可支配收入或当地农村人均纯收入为标准。省级统筹意味着要求在一省范围内适用同一起付标准，对于该省经济发展相对落后的地区，其人均收入水平要低于全省平均水平，该地大病患者很难达到按省人均收入水平确定的起付线，难以享受大病保险补偿，出现"穷帮富"或是"逆向再分配"的问题。而将统筹层次上升到全国层级更加不具备理论支持与现实可行性。大数法则发挥作用的前提是集合同质风险。这要求风险的性质、种类、大小、损失概率和幅度相同。如果集中的并非同质风险，风险单位的数量增加并不能够增强财务稳定性。提高统筹层次，并不必然会使大病保险的业务运营更为稳健。在各地经济发展、疾病风险构成和大病保险保障水平都有很大差异的情况下，过度追求统筹层次提高可能并不利于增强制度的财务稳定性和提高制度的整体效率。

二、基金支出端影响因素

（一）报销比例

推出大病保险制度是为了进一步减轻城乡居民因高额医疗费用造成的经济负担，提高居民健康保障水平。为实现这一目标，大病保险的报销比或称补偿比，会随着经济与社会的发展而不断提高。提高报销比在缓解居民经济压力的同时必然增加基金支出压力，从支出端影响基金结余情况。报销比的确定是大病保险制度设计和制定补偿方案的核心内容，科学地设置实际补偿比，需要政府综合考虑各方面因

---

[1] 王琬. 大病保险筹资机制与保障政策探讨 —— 基于全国 25 省《大病保险实施方案》的比较 [J]. 华中师范大学学报（人文社会科学版），2014，53（03）：16-22.

素，在有效减轻居民大病经济负担和确保基金可持续之间取得平衡。

（二）合规医疗费用

为了区别于基本医保的报销范围，即基本药品、基本诊疗项目和基本医疗服务设施这"三个目录"，2012 年《指导意见》对大病保险提出了"合规医疗费用"概念。合规医疗费用是指实际发生的、基本治疗所必需的、合理的医疗费用，是参保人获得补偿的基础。大病保险将"合规医疗费用"作为保障范围，是由于城乡居民罹患大病时，在治疗手段和用药种类上一般都会突破政策规定的范围[1]。合规医疗费用的范围以及合规医疗费用在总住院费用中所占比重的大小，都会影响大病保险基金的支出额度。与报销比一样，合规医疗费用的范围由大病保险制度确定，合规医疗费用占总住院费用的比例也受到制度规定的影响。

大病保险合规费用应当以"保必需、防诱导、除奢侈"为原则[2]。为了减轻居民大病费用的自付负担，增强制度的保障效果，拓展合规医疗费用范围和提高合规医疗费用占比将成为未来大病保险的发展趋势，基金支出也会进一步增加。此外，随着我国基本医保药品目录动态调整，大病保险的合规费用范围会随之扩大，如果对由此引起的大病保险基金支出增加未做充分估量，会给经办业务的商保公司带来风险。在实践中有些地区因为将肿瘤靶向药纳入合规报销范围，但是在最初做大病保险基金估算时未能将这部分报销预计在内，引起了商保公司的政策性亏损。有的地区提高患者自付比例，希望以此控制基本医保药品目录中乙类药品的使用，结果这部分药品的自付费用被计入大病保险合规费用，不仅抵消了基本医保的政策效应，还导致大病保险基金支出增加。

（三）道德风险

道德风险的严重程度是影响医保制度可持续的关键内生变量。大病保险制度有

---

[1] 徐善长. 大病保险：健全医保体系的重要环节 [J]. 宏观经济管理，2013（03）：31-32.

[2] 钱瑛琦. 大病保险制度设计不应"断链" [J]. 中国社会保障，2014（07）：44-45.

可能诱发双重道德风险问题，包括医方（医疗供方）和需方（患者）的道德风险、付费方（医保机构）的道德风险[1]。

首先是来自医方和需方的道德风险。大病保险提高了对高额医疗费用的补偿，可能会给医方和需方带来负面激励。就医方而言，医生的收入和利润在一定程度上与医疗费用有着不可割裂的正相关关系，物质诱惑和刺激使医生具有过度供给并且诱导需求的动机。在医疗服务消费的过程中，医生既是患者的代理人，又是医疗服务的直接提供者。这种双重角色又为其追求自身利益最大化提供了便利，而"在医疗服务选择过程中普遍存在着疗效及因此导致的医疗技术有效使用的不确定性……一定的诊治手段与疾病之间的关系无法得到精确的说明，也很难区分不同诊治手段的医疗效果"[2]，医疗服务质量的难以确定使患者无法对医生进行有效的评价和惩罚。因此，在医患双方信息不对称和利益不一致的情况下，具有机会主义倾向的医生会利用自身的信息优势谋利，医生过度服务和诱导需求行为将损害患者的经济利益和身体健康。就需方而言，由于有大病保险保障，患者对医疗服务价格和医疗费用支出的敏感度下降，不再关注和重视疾病的预防，就医时可能会出现"过度需求"，造成医疗资源的浪费。引入医保后，在"第三方支付"制度下，医生与患者之间的利益将趋向一致并且都对医疗服务存在"多多益善"的心态，双方追求利益最大化的行为具有显著的负外部性，"医患合谋"将损害保险方的利益，侵蚀大病保险基金。

其次是来自医保机构的道德风险。大病保险的性质，实质上是居民医保的再保险。社保机构作为大病保险的投保人，将自身承担的风险的一部分通过再保险合同分给商保公司。在完成大病医疗费用风险的部分转移后，作为再保险分出人的社保机构可能疏于对医患双方行为的监督，出现医疗费用不降反升的问题，如原本达不到报销标准的治疗费用得以进入到大病保险的赔付范围。作为再保险分入者的商保公司，按照再保险合同的约定承担赔偿责任。当大病保险参保人发生高额医疗费用

---

[1] 胡思洋．大病医疗保险中医保机构的道德风险问题研究 [J]. 西安财经学院学报，2017，30（01）：91-96.

[2] Mcclellan M Uncertainty, Health-care Technologies and Health-care Choices[J]. American Economics Review, 1995, 85(2): 38-44.

时，由社保机构作为原保险合同中的保险人以及再保险合同的投保人，向商保公司提供医疗费用的具体信息。处于信息劣势的商保公司难以辨别甚至是无法辨别这些医疗费用是合理的医疗支出，还是社保机构疏于监管的后果。社保机构可能因为大病保险交由商保承办形成了损失风险的纵向转移，放松对于医疗费用支出的监管，产生道德风险。

大病保险运行中多方道德风险使得基金支出增加，经办业务的商保公司承压严重。商保公司可能采取如下对策：第一，加大对医疗费用的审查力度，增加医患双方制造道德风险的成本。但是，加大审查力度意味着制度运行成本会上升。如果对审查成本不能予以承认和保障，在经办业务中不赋予商保公司更大自主权和政策支持力度，那么商保公司经办积极性会受到极大损害。第二，如果赔付责任超过商保公司的承受能力，商保公司只能提高保险费率，或是退出承办，长期而言会应影响制度可持续运行。

三、大病保险基金收支平衡测算

在通常情况下，可用大病保险基金的收支结余情况来衡量其保障能力。如果不能维持收支平衡，那么保障能力堪忧；反之，则有较强的保障能力。影响大病保险基金收入的变量主要是参保人数和筹资标准，影响基金支出的变量主要包括医疗费用、管理费用和实际补偿比等，其中有一些变量如管理费用是根据合同规定每 3 年修订一次，变动幅度较小。笔者拟构建基金收入模型、支出模型和结余模型，测算分析我国各地区大病保险基金收支情况。

（一）基金收入、支出和结余模型

1. 基金收入模型

根据 2012 年《指导意见》，大病保险资金主要是从城镇居民医保基金、新农合基金中划出一定比例或额度。在运行实践中，有的地区选择定额筹资，有的选择比例筹资。

如果采取定额筹资，大病保险每个参保人的缴费额度相同，制度筹资额是大病保险参保人数与每人定额划拨标准之积，第 t 年的大病保险基金的收入总额 TI_t 为：

$$TI_t = N_t \times P_t \tag{5.1}$$

其中，TI_t 代表第 t 年大病保险筹资总额，N_t 代表第 t 年大病保险参保人数，P_t 代表第 t 年大病保险参保人每人定额缴费标准，即依政策规定从基本医保基金中对每个参保人按某一固定金额划拨作为大病保险资金。

如果采取比例筹资，大病保险的筹资额是基本医疗保险基金与划拨比例之积，第 t 年的大病保险基金收入总额 TI_t 为：

$$TI_t = N_t \times P_t \times k \tag{5.2}$$

其中，TI_t 代表第 t 年大病保险筹资总额，N_t 代表第 t 年城乡居民医保参保人数，P_t 代表第 t 年城乡居民医保每个参保人的缴费标准，k 代表从居民医保基金中划拨给大病保险的比例。

2. 大病保险基金支出模型

大病保险制度是对城乡居民发生的高额医疗费用在基本医保补偿后需要个人自负的合规费用进行二次报销。在一般情况下，门诊费用不会在基本医保补偿之后构成居民的沉重经济负担，因此门诊费用通常不被纳入大病保险的保障范围。大病保险基金支出，可以用大病保险的参保人数乘以年均大病住院率，再乘以次均大病住院合规费用，在减去基本医保报销额之后，最后乘以大病保险报销比例来计算，即大病保险基金支出计算公式为：

$$TE_t = N_t \times HR_t \times HP_t \times (1 - R_t^1) \times R_t^2 \tag{5.3}$$

其中，TE_t 表示第 t 年大病保险基金支出额，N_t 表示第 t 年参保人数，HR_t 表示第 t 年参保人年大病住院率，HP_t 表示第 t 年参保人次均大病住院合规费用金额，

R_t^1 表示第 t 年基本医疗保险制度报销比，R_t^2 表示第 t 年大病保险制度报销比。

如果第 t 年大病保险参保人年住院率为 IR_t，参保人住院可能是由于大病，也可能并非是因为大病而住院。大病保险基金支出是对大病经济损失进行补偿，因此，在计算第 t 年参保人年大病住院率 HR_t 时，可以用各省份的居民年住院率 IR_t 乘以年住院率中因为大病而住院的比例 C_t^1，即：

$$HR_t = IR_t \times C_t^1 \qquad (5.4)$$

大病保险制度只对起付线以上和封顶线以下的合规医疗费用，按政策预先约定的报销比进行补偿，而不是对住院产生的全部费用予以补偿。因此，在计算第 t 年参保人次均大病住院合规费用金额 HP_t 时，可以用第 t 年参保人次均住院费用 AP_t 乘以次均大病住院合规费用比例 C_t^2，即：

$$HP_t = AP_t \times C_t^2 \qquad (5.5)$$

由上可知，大病保险基金支出模型为：

$$TE_t = N_t \times IR_t \times C_t^1 \times AP_t \times C_t^2 \times (1 - R_t^1) \times R_t^2 \qquad (5.6)$$

3. 大病保险基金结余模型

衡量大病保险基金收支平衡状况一般采用基金结余，可以分为当期结余和累计结余两种。基金当期结余，可用当期基金收入减去当期基金支出得出：

$$\Delta M_t = TI_t - TE_t \qquad (5.7)$$

如果 ΔM_t 为正，即当年基金收大于支，有当期结余。如果 ΔM_t 为负，表示当年基金入不敷出，有当期赤字，需动用基金累计结余来维持制度运行。因此，大病保险基金累计结余为：

$$F_t = (F_{t-1} + TI_t - TE_t) \times (1 + r_t) \qquad (5.8)$$

F_t 是第 t 年大病保险基金累计结余，F_{t-1} 是第 t-1 年大病保险基金累计结余，r_t 表示第 t 年的利率。

本书运用《中国卫生健康统计年鉴 2020》《中国统计年鉴 2020》《国务院关于整合城乡居民基本医疗保险制度的意见》（国发〔2016〕3 号）、31 个省级单位的大病保险实施方案的相关政策规定和数据，对城乡居民基本医保的参保人数和基金收入、定额筹资人均大病保险筹资额、比例筹资从居民医保划拨大病保险的比例、居民年住院率、参保人年大病住院率、次均住院费用、次均大病合规住院费用占比、居民基本医保报销比例、大病保险报销比例进行选取和设定。

（1）筹资标准

目前 31 个省（区、市）大病保险的筹资办法和标准有差异。为计算简便，本书主要依据不同筹资办法，对定额筹资省份，统一取区间中间值 40 元作为筹资标准。对比例筹资省份，大多数省份按当年居民基本医保基金筹资总额的 5% 划拨，因此取筹资比例为 5%。

（2）年大病住院率

2015 年《意见》颁布后，我国绝大多数省份地区以费用作为大病的界定标准。按照朱铭来（2013）[1] 和曹阳（2013）[2] 的研究，假设超过 10000 元的部分进入大病保险支付范围，视为大病。根据《中国卫生健康统计年鉴 2020》中 2019 年公立医院出院病人疾病转归情况（表 5.2），人均医疗费用 1 万以上的疾病约占出院病人疾病构成的 37%，因此假定居民年住院中因大病而住院的比例 C_t^1=37%。

---

[1] 朱铭来，于新亮，宋占军.我国城乡居民大病医疗费用预测与保险基金支付能力评估 [J].保险研究，2013（05）：94-103.

[2] 曹阳，李海晶，高心韵.基于重大疾病总费用的大病保险补偿模式分析 [J].中国卫生事业管理，2015，32（08）：592-596.

表 5.2　2019 年公立医院出院病人人均医药费用超过 1 万的疾病构成情况

病种	疾病构成（%）	病种	疾病构成（%）
传染病和寄生虫病	0.47%	呼吸系统疾病	0.09%
肿瘤	6.34%	消化系统疾病	1.94%
精神和行为障碍	0.10%	肌肉骨骼系统疾病	3.88%
神经系统疾病	0.12%	泌尿生殖系统疾病	1.61%
眼和附器疾病	0.07%	先天性畸形、变形和染色体异常	0.39%
循环系统疾病	15.9%	损伤、中毒	6.33%
小计	37.24%		

（3）次均大病住院合规费用比例

次均住院合规费用比例 = 起付线上封顶下的合规住院费用 / 总住院费用。从政策报销比角度来看，次均住院费用的实际报销额（S），是合规住院费用额（H）与政策报销比（P）之积，即 S=H×P。从实际报销比角度来看，次均住院费用的实际报销额 S 是总住院费用额（T）与实际报销比（F）之积，即 S=T×F。由上可得，H×P=T×F，因此 H/T=F/P，意味着次均住院合规费用比例 = 医疗保险计划的实际报销比 / 政策报销比。目前我国大病保险的政策报销比为 50%，学界和实务界普遍认为实际报销比在 10% ～ 15%。本书对政策报销比取值 50%，实际报销比取值 15%，可得次均大病住院合规费用占比 =15%/50%=30%，因此本书设定 C_t^2=30%。

（4）基本医保政策报销比和大病保险政策报销比

我国居民医保政策范围内住院费用基金支付 70%，可设定基本医保政策报销比 R_t^1=70%。2019 年政府工作报告提出提升大病保险实际支付比例为不低于 60%，这实质上是政策报销比，因此仍设定大病保险报销比例 R_t^2=50%[1]。

---

[1]　笔者对 2019 年我国各省份地区大病保险基金收支和当期结余情况进行测算，由于 2019 年官方政策文件才提出大病保险报销比例由 50% 提高到 60%，因而在本书中仍采用政策报销比 50%。

　　根据《中国统计年鉴2020》[1]和《中国卫生健康统计年鉴2020》[2]可得各省份城乡居民医保的参保人数和基金收入、居民年住院率和次均住院费用的相关数据，结合本书对大病保险基金收入和基金支出的相关设定，可求出2019年各省份地区大病保险基金收支与当期结余情况。

表 5.3　2019年各省份大病保险基金当期结余情况（单位：万）

筹资办法	省份	基金收入	基金支出	基金当期结余
定额筹资	天津	21676	21296.8	379.2
定额筹资	河北	234340	175995.2	58344.8
定额筹资	辽宁	93704	78760.6	14943.4
定额筹资	吉林	80888	63187.2	17700.8
定额筹资	江苏	195792	218385	-22593
定额筹资	浙江	121396	133266	-11870
定额筹资	安徽	233732	149014	84718
定额筹资	福建	117868	86568.6	31299.4
定额筹资	山东	295832	275872	19960
定额筹资	广西	183464	179630	3834
定额筹资	海南	27380	19493.3	7886.7
定额筹资	重庆	102045.6	104858.4	-2812.8
定额筹资	云南	160220	107988.8	52231.2
定额筹资	西藏	11972	4850.9	7121.1

　　[1]　国家统计局. 2020 年中国统计年鉴 [EB/OL]. http://www.stats.gov.cn/tjsj/ndsj/2020/indexch.htm.

　　[2]　国家卫生健康委员会. 2020 中国卫生健康统计年鉴 [EB/OL]. http://www.nhc.gov.cn/mohwsbwstjxxzx/tjtjnj/202112/dcd39654d66c4e6abf4d7b1389becd01.shtml.

续表

筹资办法	省份	基金收入	基金支出	基金当期结余
定额筹资	陕西	129920	108593	21327
定额筹资	甘肃	89144	53892.2	35251.8
定额筹资	青海	18168	14820.8	3347.2
定额筹资	宁夏	19704	14102	5602
比例筹资	北京	35050	33459.6	1590.4
比例筹资	山西	101550	66653.3	34896.7
比例筹资	内蒙古	68600	41759.1	26840.9
比例筹资	黑龙江	83750	58627	25123
比例筹资	上海	44300	25213	19087
比例筹资	江西	175900	137097	38803
比例筹资	河南	327750	327737.2	12.8
比例筹资	湖北	181800	202230.6	-20430
比例筹资	湖南	218600	228332	-9732
比例筹资	广东	260550	250968	9582
比例筹资	四川	278800	276443	2357
比例筹资	贵州	155600	109066	46534
比例筹资	新疆	69750	62076.7	7673.3

资料来源：根据《中国统计年鉴2020》和《中国卫生健康统计年鉴2020》数据和本书相关假定进行测算。

31个省（区、市）中绝大多数省份能实现当期结余为正，江苏、浙江、重庆、湖北、湖南出现当期结余赤字。其中，江苏、浙江和重庆采用定额筹资，湖北和湖南采用比例筹资。江苏各地定额筹资标准从15～60元不等，浙江按照每人40元标准筹资，重庆按每人28元标准筹资，湖北和湖南均按照当年居民医保基金筹资总额的5%

划拨大病保险资金。从筹资端来看，我国大病保险的人均筹资水平相对均衡。从支出端来看，2019 年我国居民年住院率为 19%，次均住院费用为 9848.4 元 [1]。上述五个省份或是居民年住院率超过全国平均水平，或是次均住院费用超过全国平均水平（表 5.4），基金支出压力较大。经济相对发达的江苏、浙江出现了赤字，可能是由于疾病负担较重，不仅次均住院费用高于全国平均水平，而且居民年住院率几乎与全国平均水平持平，东部地区优质的医疗资源吸引了更多的大病患者就医，消耗了更多的大病保险基金。

表 5.4　2019 年大病保险基金当期结余赤字地区的居民年住院率与次均住院费用

地区	居民年住院率（%）	次均住院费用（元）
全国	19	9848.4
江苏	18.9	11803.1
浙江	18.9	11616.7
重庆	24.1	8527.5
湖北	23.1	9793.9
湖南	23.4	8433.1

资料来源：《中国卫生健康统计年鉴2020》数据。

（二）基金长期收支平衡预测与分析

1. 基金长期收入预测与相关因素假设

无论采取定额筹资还是比例筹资，大病保险的基金收入都与参保人数和人均筹资水平密切相关。预测基金收入需要先对参保人数和人均筹资标准进行假定。第一，参保人数假定。2017 年大病保险已基本实现全国覆盖，几乎所有居民医保参保人

---

[1]　国家卫生健康委员会 . 2020 中国卫生健康统计年鉴 [EB/OL]. http://www.nhc.gov.cn/mohwsbwstjxxzx/tjtjnj/202112/dcd39654d66c4e6abf4d7b1389becd01.shtml.

都会自动进入大病保险。目前我国居民医保稳定参保率为 95%，基本实现"应保尽保"，未来已无法依靠扩覆来增加参保人数，而主要依赖于人口增长。假定第 t 年的人口自然增长率为 g_t，那么第 t+1 年城乡居民基本医保的参保人数和大病保险制度的参保人数 $Q_{t+1}=Q_t×（1+g_t）$。根据国家统计局数据，2017—2019 年我国人口自然增长率分别为 5.32‰、3.81‰ 和 3.34‰ [1]，呈逐年下降趋势。为简便预测，本书假定我国未来人口自然增长率为 3‰。第二，人均筹资标准假定。大病保险具体筹资方式包括比例筹资和定额筹资两种。国家医保局《关于做好 2021 年城乡居民基本医疗保障工作的通知》要求，2021 年城乡居民基本医疗保险人均财政补助标准新增 30 元，同步提高居民医保个人缴费标准 40 元。《国家医保局 财政部 国家税务总局关于做好 2022 年城乡居民基本医疗保障工作的通知》提出，2022 年继续提高城乡居民基本医疗保险筹资标准，人均财政补助标准新增 30 元，同步提高个人缴费标准 30 元。对于采用比例筹资办法的省份，根据近几年居民医保缴费情况，假定每年财政补助增加 30 元，个人缴费提高 30 元，即 $P_t=P_{t-1}+60$。大病保险实施以来采用定额筹资办法的省份大多筹资标准保持不变。随着医疗费用上涨和制度待遇水平提高，为避免基金收支失衡问题加剧，有的地区探索对定额筹资标准进行小幅提高。基于当前各省份定额筹资情况，本书假定采取定额筹资的省份，人均筹资标准在原有基础上每年增加 2 元。

2. 基金长期支出预测与相关因素假设

次均大病合规住院费用是基于参保人的次均住院费用，而年均大病住院率是基于居民年住院率，因此次均住院费用和居民住院率是关键变量。所以，需要对次均住院费用和住院率的影响因素进行分析。

（1）次均住院费用

国内外学者对于可能影响医疗费用支出的因素进行了长期研究。格罗斯曼（Grossman，1972）建立健康需求理论模型，认为随着年龄增加，医疗费用会逐渐

---

[1]　国家统计局 . 2020 年中国统计年鉴 [EB/OL]. http://www.stats.gov.cn/tjsj/ndsj/2020/indexch.htm.

增加，收入水平提升也会导致个体的医疗服务需求上升。巴斯（Busse，2001）认为影响住院费用和住院率的因素可能包括经济增长、科技进步、人口老龄化、自然因素、市场因素等[1]。罗纳德（Ronald，2002）等运用量化分析方法，证实人口老龄化会大幅增加美国财政在医疗保险基金方面的支出，该支出占 GDP 的比例将由研究期为 2.2% 提高到 2075 年为 11%[2]。蒋云赟（2014）采用省级面板数据对影响住院费用的因素进行回归分析，发现人均寿命、自然环境等因素与住院费用的支出关系不明显，而人均可支配收入、人口老龄化、医疗技术与医疗费用支出的关系显著[3]。基于文献回顾，笔者认为住院费用、住院率，与经济发展水平、人口老龄化、医疗技术进步高度相关，将运用省际面板回归模型对这些因素进行回归分析。数据来源于 2015—2019 年《中国卫生健康统计年鉴》。其中，因变量为 31 省（区、市）医院住院病人人均住院费用，自变量包括 2015—2019 年各省（区、市）的人均可支配收入、人口老龄化率、每千口人卫生技术人员数量。人均可支配收入数据来源于 2015—2019 年《中国统计年鉴》，人口老龄化率是对 2015—2019 年《中国统计年鉴》中各地区 65 岁及以上老年人占各地区的人口比例整理而来，人均医药费用和每千口人卫生技术人员数相关数据来自 2015—2019 年《中国卫生健康统计年鉴》。

①混合回归模型和个体固定效应回归模型的选择

在建立省级面板回归模型前应考虑采用何种回归模型，利用 F 统计量检验来选择建立混合回归模型还是个体固定效应模型。在此设原假设和备择假设。

H_0: $\alpha_i = \alpha_0$ 模型中不同个体的截距相同（真实模型为混合回归模型）

H_1: 模型中不同个体的截距项 α_i 不同（真实模型为个体固定效应回归模型）

F 统计量定义为：

——————

[1] Busse R. Expenditure on Health Care in the EU: Making Projections for the Future Based on the Past[J]. HEPAC, 2001(4): 158-161.

[2] Ronald Lee, Ryan Edwards. The Fiscal Effects of Population Aging in the U.S.: Assessing the Uncertainties[J]. Tax Policy and the Economy, 2002(16): 537-561.

[3] 蒋云赟 . 我国城乡大病保险的财政承受能力研究 [J]. 财经研究，2014，40（11）：4-16.

$$F = \frac{（SSEr - SSEu）/[(NT-K-1)-(NT-N-K)]}{SSEu/（NT-N-K）} = \frac{（SSEr - SSEu）/（N-1）}{SSEu/（NT-N-K）}$$

其中，SSEr 表示约束模型，即混合回归模型的残差平方和。SSEu 表示非约束模型，即个体固定效应回归模型的残差平方和。N 表示截面成员个数，T 表示每个截面成员的观测时期总数，K 表示解释变量个数，非约束模型比约束模型多了 N-1 个被估参数。

采用 Eviews10.0 对住院费用分别进行混合模型回归和个体固定效应模型回归，可得 SSEr=2.9035，SSEu=0.1628。

$$F = \frac{（2.9035 - 0.1628）/（31-1）}{0.1628/（155-31-3）} = 67.90$$

F=67.90 >F $_{(30,121)}$，故推翻原假设。因此，应当选择个体固定效应回归模型。

②个体随机效应模型和个体固定效应回归模型的选择

利用 Hausman 统计量检验应建立个体随机效应模型还是个体固定效应模型。设原假设和备择假设：

H_0: 个体效应与回归变量无关

H_1: 个体效应与回归变量相关

用 Eviews10.0 进行 Hausman 检验，检验结果如表 5.5 所示。

表 5.5　城乡居民次均住院费用的 Hausman 检验结果

	Chi-Sq. Statitics	Chi-Sq.d.f.	P 值
Cross-section random	51.917236	3	0.0000

由表 5.5 可知，Hausman 统计量的检验结果拒绝原假设，应采用个体固定效应模型。因此，笔者对 2015—2019 年我国 31 个省（区、市）的次均住院费用与人均可支配收入、人口老龄化率、每千口人卫生技术人员数建立个体固定效应模型。

③次均住院费用模型

采用个体固定效应模型估计方法进行回归，回归结果如表 5.6 所示：

表 5.6　城乡居民次均住院费用的计量结果

	次均住院费用的自然对数
常量	α_i
人均可支配收入的自然对数	0.5501***
	（23.3104）
人口老龄化率	1.2830**
	2.0061)
每千口人卫生技术人员数	0.0072*
	（1.8159）
R^2	0.9706

注：1. ***、**和*分别表示1%、5%和10%的水平下显著；2. 括号内的数值为对应的t值统计量。

从表 5.6 可知，各个参数在 10% 水平下显著，说明三个解释变量对被解释变量均有显著影响。城乡居民次均住院费用受人均可支配收入的影响较大，人均可支配收入每增长 1%，次均住院费用增加 0.55%。人口老龄化程度每上升 1%，次均住院费用就增加 1.28%。每千口人卫生技术人员每增加 1 人，次均住院费用就增长 0.0072%。

表 5.7　各省（区、市）次均住院费用固定效应模型 α_i 的估计值

地区	α_i	地区	α_i	地区	α_i	地区	α_i
北京	3.8513	天津	3.7426	河北	3.2180	山西	3.3204
内蒙古	3.2591	辽宁	3.3012	吉林	3.4015	黑龙江	3.4172
上海	3.6225	江苏	3.3507	浙江	3.3547	安徽	3.1724
福建	3.1426	江西	3.1453	山东	3.1836	河南	3.1562
湖北	3.3414	湖南	3.1638	广东	3.4503	广西	3.1744

续表

地区	α_i	地区	α_i	地区	α_i	地区	α_i
海南	3.3501	重庆	3.2574	四川	3.1855	贵州	2.9936
云南	3.0453	西藏	3.0045	陕西	3.1056	甘肃	3.0462
青海	3.3548	宁夏	3.2087	新疆	3.1416		

表 5.7 显示各省份固定效应 α_i 的情况。一般次均住院费用较高的地区，其固定效应较大，如北京、天津、上海等。在此，可建立各省（区、市）次均住院费用的回归模型：

$$\ln\widehat{IF}_{it}=0.5501\ln IC_{it}+1.2830IO_{it}+0.0072IT_{it}+\alpha_1 D_1+\alpha_2 D_2+\alpha_3 D_3+\cdots+\alpha_{31} D_{31}$$

其中，IF_{it} 表示第 t 年第 i 个地区的次均住院费用，IC_{it} 表示第 t 年第 i 个地区的人均可支配收入，IO_{it} 表示第 t 年第 i 个地区的人口老龄化率，IT_{it} 表示第 t 年第 i 个地区的每千口人卫生技术人员数。虚拟变量 D_1，D_2，……D_{31} 的定义是：如果属于第 i 个地区，i=1, 2, …, 31，那么 D_i =1；如果属于其他地区，则 D_i=0。

（2）住院率模型

对城乡居民住院率的回归分析，可采用与次均住院费用相同的数据来源和方法。确定回归方程之前，同样要对住院率进行 F 检验和 Hausman 检验，检验结果均拒绝原假设，说明住院率也应采用个体固定效应模型，回归结果如表 5.8 所示。

表 5.8　城乡居民住院率的计量结果

	住院率
常量	θ_i
人均可支配收入的自然对数	0.0847 ***
	（26.3126）
	0.2215**

续表

	住院率
人口老龄化率	（2.6107）
	0.0020*
每千口人卫生技术人员数	（3.3024）
R^2	0.9703

注：1. ***、**和*分别表示1%、5%和10%水平上显著；2.括号内的数值为对应的t值统计量。

从表5.8可知，各个参数在10%水平下显著，说明三个解释变量对被解释变量均有显著影响。人均可支配收入每提高1%，居民住院率上升0.0847%。人口老龄化每上升1%，住院率上升0.2215%。每千口人卫生技术人员数增加1人，住院率上升0.0020%。

表5.9 各省（区、市）住院率固定效应模型 θ_i 的估计值

地区	θ_i	地区	θ_i	地区	θ_i	地区	θ_i
北京	-0.8403	天津	-0.8195	河北	-0.7901	山西	-0.7982
内蒙古	-0.8140	辽宁	-0.7806	吉林	-0.7795	黑龙江	-0.7641
上海	-0.8885	江苏	-0.8214	浙江	-0.8226	安徽	-0.7943
福建	-0.7981	江西	-0.7946	山东	-0.7996	河南	-0.7853
湖北	-0.8014	湖南	-0.8037	广东	-0.8204	广西	-0.7981
海南	-0.8001	重庆	-0.8015	四川	-0.7901	贵州	-0.7687
云南	-0.7775	西藏	-0.7994	陕西	-0.7702	甘肃	-0.7769
青海	-0.7642	宁夏	-0.7601	新疆	-0.7203		

表5.9显示各省份住院率固定效应 θ_i 的情况，在此建立各省份城乡居民住院率的回归模型方程为：

$$\widehat{IZ}_{it}=0.0847\ln IC_{it} +0.2215IO_{it} + 0.0020IT_{it} +\theta_1 D_1+\theta_2 D_2+\theta_3 D_3 +\ldots+\theta_{31} D_{31}$$

人均住院费用和住院率的回归模型，都与人均可支配收入、人口老龄化程度以及每千口人卫生技术人员数高度相关。第一，由于人均可支配收入增长与经济增长密切相关。假定人均可支配收入与生产率增速相同，并假定 2020—2029 年各地区居民人均可支配收入增长率为 5%，体现经济和人均可支配收入增速放缓。第二，2015—2019 年每千口人卫生技术人员数从 5.84 人增加到 7.26 人[1]，假定 2020 年以后仍然按此速度增长，平均每年增长 0.284 人。第三，进入 21 世纪以后我国人口老龄化问题日益严峻。到 2030 年我国 60 岁以上的老年人占比将达到 25%，老年人口总规模将达到 3.6 亿[2]。随着人口老龄化加速，人们罹患重疾的概率大大提高，心脑血管疾病、恶性肿瘤、糖尿病等大病将引起医疗费用显著上升，假定 2020—2029 年人口老龄化率每年上升 0.3%。

3. 基金长期收支平衡测算结果

为了便于研究，在满足模型构建合理性的基础上，本书对其他相关因素作出如下假定：

第一，大病保险基金管理费用为 0。按照我国《社会保险法》和相关规定，社会保险基金不得用于支付人员经费、运行费用、管理费用，更不能用于支付利润。社会保险机构的管理费用列入同级财政预算，不能从基金中提取。第二，以 2019 年作为基年，预测起始时间为 2020 年，结束时间为 2029 年，时间长度为十年。若 2019 年当期结余为正值，那么当期结余转下一期。若 2019 年当期结余为负值，假定由财政补平基金缺口，没有结余转入下一期。医疗保障属于短期支付项目，追求短期收支平衡，基金本身缺少积累性[3]。对大病保险基金的精算分析以短期预测为

---

[1]　国家统计局 . 2020 年中国统计年鉴 [EB/OL]. http://www.stats.gov.cn/tjsj/ndsj/2020/indexch.htm.

[2]　吴玉韶，党俊武，刘芳 . 中国老龄产业发展报告 [M]. 北京：社会科学文献出版社，2014.

[3]　周绿林，李绍华 . 医疗保险学（第 2 版）[M]. 北京：科学出版社，2013.

宜。鉴于各省份实际情况差异较大，本书主要预测各省份在未来十年内大病保险基金累计结余是否出现赤字以及在测算期末的基金结余情况。第三，医保属于现收现付制社会保险项目，基金无法进行长期投资。本书假定大病保险基金出现当期结余和累计结余时，按一年期定期存款利率进行投资。结合 2019 年基期一年定期存款利率 1.5% 的现实并考虑利率下行，本书假定未来各地区大病保险基金结余的利息率为 1%。第四，城乡居民基本医保报销比例、大病保险报销比例、居民年住院率中大病住院的比例、次均大病住院合规费用比例，仍与基期 2019 年保持一致，剔除这些因素变化对大病保险基金收支的影响。上述假设可能在一定程度上降低精算精度，但不会对研究结果产生实质性影响。

基于上述假设，根据我国各省份大病保险制度政策和相关数据，对 31 个省（区、市）未来十年大病保险基金收支进行模拟测算。按照定额筹资与比例筹资两种筹资办法，基金累计结余为正值或为负值两种可能，共形成四个组合。具体测算结果如表 5.10，5.11，5.12，5.13 所示。

表 5.10 定额筹资不出现累计结余赤字省份的基金情况（单位：亿元）

年份	河北	安徽	福建	山东	广西	云南	西藏	甘肃	青海	宁夏
2020	5.81	8.39	3.14	3.59	0.51	5.26	1.38	3.94	1.05	1.21
2021	6.52	7.36	5.07	5.63	0.82	5.39	2.03	5.26	2.73	2.09
2022	7.21	8.63	7.52	7.45	0.95	5.81	2.85	7.35	3.64	3.30
2023	7.53	9.14	9.81	8.78	0.98	6.39	3.62	9.16	4.57	3.97
2024	7.89	9.52	11.04	7.94	1.12	6.97	4.56	11.25	5.19	4.85
2025	8.13	9.81	13.25	7.85	1.09	7.52	5.37	13.08	6.83	5.72
2026	8.24	9.86	15.36	7.42	1.26	7.78	6.21	14.27	7.96	6.87
2027	8.23	9.95	17.48	6.86	1.35	8.14	7.59	14.62	8.57	8.23
2028	8.02	9.91	19.37	6.35	1.32	8.55	9.25	15.33	8.39	7.08
2029	7.62	9.67	21.42	5.26	1.30	8.74	10.16	16.05	8.76	7.36

表 5.11　定额筹资出现累计结余赤字省份的基金情况（单位：亿元）

年份	天津	辽宁	吉林	江苏	浙江	海南	重庆	陕西
2020	0.13	1.25	1.96	-3.24	-2.97	0.65	-0.58	1.58
2021	-1.71	0.76	0.85	-4.18	-3.53	0.62	-0.96	0.91
2022	-3.08	-1.04	0.36	-5.26	-4.45	0.49	-1.32	-1.75
2023	-4.72	-2.93	0.54	-6.09	-5.08	0.12	-1.83	-3.92
2024	-6.04	-4.18	0.26	-8.86	-7.13	-1.05	-1.97	-5.41
2025	-7.46	-5.84	-0.81	-10.74	-9.72	-1.27	-3.65	-7.27
2026	-9.65	-6.37	-1.43	-12.08	-11.60	-0.22	-5.72	-9.63
2027	-11.32	-6.05	-3.72	-14.13	-13.74	-1.03	-7.16	-10.85
2028	-13.21	-7.41	-5.78	-16.79	-15.85	-2.54	-9.37	-11.74
2029	-15.37	-8.69	-6.17	-17.48	-16.64	-4.33	-11.20	-13.05

由表 5.11 可知，采取定额筹资方式的 18 个省份中，未来十年内有 8 个省份将出现累计结余赤字情况，其中最早出现收支不平衡问题且赤字规模相对较大的是江苏和浙江。在预测期末 2029 年，这些省份的累计基金赤字将达到最高，主要是由于基金的筹资能力赶不上补偿支出增速，资金缺口会随着时间推移而放大，基金收支不平衡问题日趋严重。

表 5.12　比例筹资不出现累计结余赤字的省份的基金情况（单位：亿元）

年份	河南	江西	贵州	山西	内蒙古	四川	广东	新疆	黑龙江
2020	2.15	4.54	4.97	5.46	3.79	2.56	2.73	2.32	3.64
2021	3.73	5.96	6.14	7.29	4.84	4.81	4.19	3.88	5.23
2022	4.21	7.40	8.27	9.03	5.64	6.08	6.42	5.63	7.54
2023	5.76	9.51	10.06	11.25	6.92	8.42	8.58	7.29	9.67
2024	6.24	11.84	12.57	13.47	8.46	10.14	10.45	9.45	11.08

续表

年份	河南	江西	贵州	山西	内蒙古	四川	广东	新疆	黑龙江
2025	7.93	13.09	13.84	15.82	10.21	12.95	12.89	11.06	13.15
2026	9.48	15.84	14.99	17.31	12.65	14.37	14.73	13.47	14.46
2027	11.01	17.97	16.17	19.50	14.43	16.65	16.75	15.63	15.72
2028	13.60	18.31	17.62	20.36	15.88	18.74	18.76	17.24	16.08
2029	15.57	19.78	18.85	21.85	17.14	20.22	20.53	19.67	17.31

表 5.13　比例筹资出现累计结余赤字省份的基金情况（单位：亿元）

年份	北京	上海	湖北	湖南
2020	0.19	1.38	-2.54	-1.18
2021	0.21	-0.89	-2.82	-1.47
2022	-0.65	-0.24	-3.01	-2.26
2023	-1.26	-1.55	-3.26	-2.85
2024	-2.38	-1.74	-3.84	-3.44
2025	-3.16	-1.89	-3.92	-3.83
2026	-4.53	-1.97	-4.21	-4.19
2027	-6.24	-2.25	-4.52	-4.27
2028	-8.57	-2.61	-4.86	-4.53
2029	-10.38	-2.85	-4.93	-4.76

由表 5.13 可知，采取比例筹资方式的 13 个省份中，北京、上海、湖北、湖南将在未来十年内出现累计基金结余赤字问题。其中，湖北和湖南收支不平衡问题出现得最早，主要原因在于两地的居民次均住院费用与住院率较高造成了医疗费用支出较大，大病保险基金支出端压力大。

总体而言，从大病保险基金累计结余情况来看，出现累计结余赤字的省份，多采用定额筹资方式。在 18 个采用定额筹资方式的省份中，累计结余为赤字的省份有 8 个，赤字概率较高。在 13 个采取比例筹资方式的省份中，累计结余赤字的省份只有 4 个。这主要是在定额筹资方式下，大病保险基金的筹资增幅较为有限，而在比例筹资方式下，筹资增速较快，更能抵御基金支出增加的风险。在定额筹资方式下，有 10 个省份在未来十年能保证大病保险基金可持续。在比例筹资方式下，有 9 个省份在未来十年内能保持基金平衡可持续。由于在我国采取定额筹资方式的省份远远多于采取比例筹资方式的省份。因此，实际上采取比例筹资方式出现累计基金结余正值的概率更高。

对大病保险基金累计结余的数值大小需要客观和理性认识。其一，对于采用现收现付制财务平衡方式的大病保险制度，过多的基金结余是一种资金闲置和浪费。其二，基金累计结余一直为正值的省份，有的省份在预测期的靠后年份出现了结余额度递减趋势，那么在超出预测期的年份，这些省份仍有出现累计基金结余赤字的风险。

可见，无论采取哪一种具体筹资方式，为数不少的省份会在未来十年内面临基金累计结余赤字的风险。换言之，如果延续当前大病保险的筹资模式和费用补偿模式，不进行"开源节流"双管齐下的政策内容改革，全国大病保险在未来十年会出现较大范围的财务保障能力不可持续。在经济发展新常态的背景下，叠加人口老龄化、人们医疗卫生服务需求的增加、医保制度对医疗服务需求的释放，未来一定时期我国大病保险基金的长期收支平衡压力倍增。

第六章 城乡居民大病保险制度运行面对的问题及分析

大病保险是我国政府针对城乡居民"看病贵"难题而推出的一项医疗保障制度，是运用市场机制对"看病贵"难题进行治理的探索。过去十年里，大病保险制度在促进政府主导与发挥市场机制作用相结合，提高基本医疗保障管理水平和运行效率，缓解因病致贫和因病返贫问题，以及推动医保、医疗、医药联动改革方面取得了有目共睹的成绩。然而，随着大病保险制度运行，在筹资、基金管理、补偿方案、风险分担与预警、业务招投标规范化等方面的问题逐渐凸显。这些问题制约大病保险制度保障功能的实现，影响制度可持续发展，需要通过进一步完善制度来解决。

一、大病保险制度运行面对的问题

（一）制度受益率不高

大病保险覆盖人数和受益绝对人次逐年增加，但是制度补偿人数占参保总人数的比重（即受益率）仍然不高。大病保险受益率与受益条件密切相关。一些地区设置了大病保险报销起付线；个人在基本医保报销后自付费用达到大病保险的起付线，才能享受大病保险报销。起付线是决定受益面大小的重要参数。通常设置的起付线越低，受益率就越高；反之，受益率越低[1]。起付线定得过高，享受待遇的人员少，政策可及性差；起付线定得过低，有可能造成制度"泛福利化"，降低基金使用效率。在大病保险基金支出压力较大时，一些地区采取调高起付线的办法，使能够符合报销条件的患者减少，导致制度受益率降低，保障效果不够理想。例如，2014 年西安市大病基金出现较大赤字后，2015 年将起付标准提高到 1 万元，赔付门槛的提高导致受益率大幅降低。

（二）补偿支付责任边界模糊

按照政策规定，大病保险是基本医保制度的拓展和延伸，是对大病患者发生的高额医疗费用给予进一步保障的制度性安排。因此，大病保险待遇保障的内涵应当与基本医保"保基本"的内在要求保持一致，否则就不能视为是基本医保的拓展和延伸，而是基本医保的补充。同理，本来属于基本医保支付范围的费用也不应转嫁给大病保险。然而，在实践中却经常出现大病保险越界支付的情形。基本医保制度明确规定对于使用乙类药品及乙类和丙类耗材所产生的费用由参保人自付一定比例，再由医保按照约定比例进行支付，本意是为了防止该类药品及耗材被过度滥用。但是，许多地方在大病保险的承办协议中规定上述费用按规定纳入大病保险基金支付，导致这些类别的药品及耗材的使用与甲类药品、耗材的使用没有产生费用报销上的差别，无法有效地约束医疗双方行为。还有的地方在基本医保封顶线金额之下设置大病报销内容，导致本应由基本医保负责的部分由大病保险负责报销。基本医保与大病保险的支付责任边界模糊，侵蚀了大病患者的权益，直接增加了大病保险基金支出，使大病保险经常面临收不抵支的财务风险[2]。

---

[1] 张霄艳，赵圣文，陈刚. 大病保险筹资与保障水平现状及改善 [J]. 中国社会保障，2016（09）：81-82.

[2] 中国医疗保险. 3 个方面，讲清大病保险商保承办的核心重点 [EB/OL]. https//www.cn-healthcare.com/aiticlewm/20201011/content-1152104.html.

（三）制度补偿效果有待进一步提升

大病保险实施后，城乡居民医保参保人的大额医疗费用获得了二次报销机会，实际报销比例在基本医保基础上提高了 10% ～ 15%，大大降低了大病患者就医负担[1]，在一定程度上弥补了基本医保保障水平有限的不足，但是还远没有达到制度预期功能和状态。大病保险对于家庭灾难性医疗支出的影响仍然较弱，具体表现为：

第一，大病保险对缓解不同收入水平参保人医疗费用负担的作用存在明显差异，特别是低收入人群的大病经济负担依然沉重。首先，不同收入水平的居民会因为初始禀赋差异而面临不同的医疗经济风险。高收入人群往往收入较高、财富积累较多、社会资源较为丰富，在患病时不会面对高额医疗费用带来的压力。低收入人群本就生活困窘，一旦患重疾会使个体和家庭陷入贫困，进一步阻碍其生活状况改善，陷入贫困与疾病的恶性循环。其次，居民在患重疾后，大病保险缓解经济负担的影响效果存在明显的收入异质性[2]。低收入居民的预算约束线相对较低，在健康和其他消费上可供分配的资源较少，患大病后仅起付线以下需要自负的金额已足以致其贫困，有的甚至会放弃就医。中等收入居民的预算约束线要高一点，患大病后达到起付线的概率相对较高，大病保险能够显著促进其住院服务利用，但是受到报销目录限制，并不能显著降低其自负费用，住院自负费用反而会显著上升。高收入群体患大病时，基本上不会因为预算约束而无法达到起付线，会增加医疗服务利用以获得合意健康产出。按照当前大病保险的累进制报销设计，高段费用区间的报销比例更高，使得高收入群体从制度中获得补偿更多，其自负费用在总医疗费用支出中所占

---

[1]　中国医疗保险 . 大病保险运行 10 周年　制度创新求解"看病贵"[EB/OL]. https//www.cn-healthcare.com/aiticlewm/20220622/content-1386764.html.

[2]　顾海，许新鹏 . 大病保险制度效应及对策研究：基于统筹城乡医保视角 [M]. 南京：南京大学出版社，2021.

比重越小，可能出现"穷人帮富人"情况和医方诱导消费的问题[1]。

第二，大病保险对高额费用的保障效果未能精准发挥。近年来大病保险补偿向高费用段和重大疾病患者倾斜，围绕国家精准扶贫战略目标任务，探索了向困难群体倾斜办法，提高了贫困人口医疗保障和医疗服务的可及性。但是，大病保险更多的是发挥"二次报销"作用，基本医保不予报销的自费诊疗项目和药品通常也未被纳入大病报销范围，对于重特大疾病人群的保障力度没有明显高于其他进入大病保险保障范围的人群。同时，制度对于低费用区间段和高费用区间段的报销比例相差不大，也没有明显体现出对高额费用的倾斜。根据《重特大疾病多层次医疗保障发展指数报告》测算，2020 年重特大疾病多层次医疗保障体系的总保障程度为68.06%，其中基本医保的保障程度为 57.39%，大病保险的保障程度为 1.50%，医疗救助的保障程度为 0.99%，商业健康保险的保障程度为 8.18%，医疗费用的个人自付程度为 31.94%[2]，不仅显示我国重特大疾病个人医疗负担过重，而且表明大病保险对于高额医疗费用和重大疾病保障的保障效果还有待提高。无论是从绝对金额还是相对比例来看，高额医疗费用患者都承受着沉重的医疗费用负担[3]。

第三，大病保险对老年慢病人群特别是农村低收入老年慢病人群提供的系统性保护不足。我国老年慢病家庭的灾难性医疗支出风险较高且存在倾向于低收入家庭的不平等，农村低收入老年慢病家庭的灾难性医疗支出发生率和发生强度最高[4]。老年人通常是慢病患者，慢病就医又往往采用门诊形式。在很多统筹地区慢性病门诊费用不被纳入大病保险保障范围，导致老年慢病人群的医疗费用负担不能有效降低。

[1] 高小莉."大病"以医疗费用为判定标准相对公平 [J]. 中国医疗保险，2013（06）：43-44.

[2] 重特大疾病个人医疗负担过重：破解看病贵，社会力量如何发力 [EB/OL]. https://www.thepaper.cn/newsDetail_forward_19161694.

[3] 宋占军. 天津市城乡居民大病保险保障水平研究 [J]. 中国卫生经济，2016，35（8）：43-44.

[4] 王中华，李湘君. 老年慢病家庭灾难性卫生支出影响因素及其不平等分析 [J]. 人口与发展，2014，20（03）：87-95.

（四）基金收支平衡可持续性较弱

从全国来看，个别城市出现大病保险赔付支出超过筹资额的情况，一些经办机构出现亏损。四川省遂宁市 2013 年开展大病保险试点，2014 年就亏损 3981.8 万元 [1]。宁夏回族自治区实行大病保险市级统筹，2015 年有 4 个统筹地区出现基金收不抵支，1 个统筹地区基金略有结余 [2]。陕西省各地市商保公司承办大病保险业务难以实现保本微利。2014 年陕西省延安市合同约定年度费用和利润率为 2.67%（即 144 万元），而总成本约 280 多万元，基金亏损成为必然 [3]。事实上，即使不考虑大病保险的业务管理费用，仅从 2015 年各地区大病保险基金收支状况来看，全国多数地区出现了收不抵支现象 [4]。一些地区大病保险基金支出持续快速上涨。2013—2015 年，西安市城镇居民大病保险基金总支出增长率已超过 300%[5]，基金可持续风险进一步加大。2017—2019 年，甘肃省将大病保险筹资标准从 55 元 / 人、65 元 / 人提高到 90 元 / 人，基金使用率从 50.83%、93.25% 上升到 109.99%，大病保险基金首次出现收不抵支情况 [6]。基于现实情形和学术研究，不难发现大病保险筹资标准随着时间后移而逐渐上升，但是基金却越来越难实现收支平衡，制度蕴藏着不容忽视的当期或累计基金结余赤字风险。

---

[1]　曾乔林，高小莉，袁一菡 . 城乡居民大病保险教训分析 —— 以遂宁市为例 [J]. 中国医疗保险，2016（06）：31-34.

[2]　王永超 . 宁夏城乡居民大病保险运行分析 [J]. 中国医疗保险，2016（06）：35-38.

[3]　刘洋 . 城乡居民大病保险问题与对策研究 —— 以陕西省为例 [J]. 西安交通大学学报（社会科学版），2016，36（6）：75-78.

[4]　谢明明 . 城乡居民大病保险基金风险研究 —— 基于收支平衡与精准保障的视角 [M]. 北京：经济科学出版社，2018.

[5]　魏哲铭，贺伟 . 城乡居民大病保险制度实施困境与对策 —— 以西安市为例 [J]. 西北大学学报（哲学社会科学版），2017，47（4）：107-113.

[6]　李英英 . 甘肃省城乡居民大病保险基金可持续性研究 [D]. 兰州财经大学硕士学位论文，2021.

（五）商业保险公司经办效率不高

将大病保险交由商保公司经办，有利于将社保经办机构从"人少事多"的困境中解救出来，提高经办管理服务质量和制度运行效率，是医保领域政府职能转变、管理服务方式创新的重要尝试。引入商保和市场机制并不会改变大病保险的社会保险属性，在公共部门与私人部门之间建立"风险共担、利益共享"的合作伙伴关系，符合部分公共医疗和医保实行"混合提供"的发展趋势[1]。据不完全统计，2013年我国约1032个县开展了大病保险，其中91%的县由商业保险公司承办，其余9%的县由新农合经办机构等相关机构来承办[2]。截至2020年底，共有18家保险公司在全国31个省（区、市）开展了大病保险业务，覆盖了12.2亿城乡居民，累计赔付5535.88万人，全国大病患者实际报销比例在基本医保基础上平均提升了10～15个百分点[3]。商保公司通过承办大病保险，在提高城乡居民医疗保障水平和助力脱贫攻坚上发挥了重要作用，也扩大了自身影响力。但是客观而言，商保经办大病保险效率不高。

第一，承办业务的专业性不强。大病保险筹资由基本医保基金划转，报销范围延续基本医保相关规定，商保公司在承办中往往只能起到出纳作用，对大病保险费用支出数据的统计精算优势以及对定点医疗机构服务行为的监管优势都没有体现出来，违背了商保公司参与风险管理、发挥风险管控优势的初衷。第二，承办业务没有获得社保机构的一致认同。在运行过程中，一些地区认同商保的承办优势，支持商保承办，在其他业务上与商保公司建立了长期良好合作关系。由于商保公司

---

[1] 郑秉文，张兴文. 一个具有生命力的制度创新：大病保险"太仓模式"分析 [J]. 行政管理改革，2013（06）：21-29.

[2] 程斌. 我国农村居民大病医疗保险的发展趋势 [J]. 中国农村卫生事业管理，2014,34(9)：1051-1054.

[3] 王琬. 政府购买服务视角下的大病保险供给机制研究 [J]. 学习与探索，2021（11）：51-57.

的营利性与社保机构的非营利性的根本矛盾，有的地区社保机构认为商保公司承办业务发挥的效用不大。有的地区虽然认同商保承办，但是对于如何发挥商保优势作用表示担忧。认识分歧导致各地承办业务商保公司在承担责任和利益分享方面的差异较大，进一步阻碍商保公司发挥效能。第三，承办业务亏损问题较为严重。从2015—2018 年各承保公司承保大病保险的收益指标（即承保利润）来看，每年都是亏损，即便加上投资收益后计算得出的经营利润也是负值，表明投资收益也无法扭转承保利润亏损的局面[1]。一方面，随着大病保险制度覆盖人数逐渐趋向饱和人均保费逐年上升，引起保司已赚保费增长速率放缓；另一方面，大病保险总支出增幅逐年加快。在两方面共同影响之下，承办公司压力巨大，承办亏损问题严重。

二、原因分析

经过十年发展，我国大病保险制度在覆盖范围、筹资渠道、保障水平、管理体制和减贫济困等方面取得了突破性进展，但是基于保障效果和保障能力的实证研究表明，仍然存在一些问题。造成这些问题的原因主要有以下几个方面。

（一）补偿方案不尽合理，补偿机制不够精准

医保制度的补偿方案与机制，不仅直接影响医疗费用，而且会通过影响参保人行为间接地影响医疗费用。过分慷慨的补偿会鼓励参保人使用医疗服务，虽能释放医疗服务需求，也会诱发道德风险，增加医疗费用支出。反之，严苛的补偿条件、狭隘的补偿内容、低水平的补偿水平会降低制度的吸引力和人们的参保意愿。目前，造成大病保险保障效果不良的主要原因是补偿方案不合理与补偿机制不精准，具体而言包括以下几点。

---

[1] 朱铭来，解莹，李海燕. 大病保险委托商保承办的现状及问题分析 [J]. 中国医疗保险，2020（03）：18-22.

1. 补偿门槛设置不科学

世界卫生组织（WHO）提出家庭灾难性医疗支出标准是家庭医疗支出占家庭非食品消费支出的 40% 以上 [1]。根据 2021 年《中国统计年鉴》城乡居民消费支出数据和 2020 年第七次全国人口普查的城乡家庭规模数据，国际标准下城镇居民家庭灾难性医疗支出标准约为 22667.2 元 [2]，农村居民约为 11230.4 元 [3]。按照国内标准，城乡家庭灾难性医疗支出分别为 47412 元和 18931 元，是国际标准的 2.09 倍和 1.68 倍。对比可以发现，我国判断发生灾难性医疗支出的标准要远远高于国际标准。

大病保险的政策目标是防止家庭发生灾难性医疗支出，但是政策文件和实际运行却以个人为保障单位，以"个人年度累计负担的合规医疗费用超过当地统计部门公布的上一年度城镇居民年人均可支配收入、农村居民年人均纯收入"作为判断依据。按照当前制度，个人年度累计自付的合规医疗费用超过特定的"门槛"，是获得大病保险补偿的前提。以个人为测算单位，意味着当家庭中单个成员的个人医疗支出没达到基本医保封顶线或者是大病保险起付线，而该家庭存在多个患病成员时，尽管该家庭的累计医疗费用早已造成家庭灾难性医疗支出，个人却无法满足大病保险规定的补偿前提。而且，对于中低收入群体按照社会平均收入水平执行补偿门槛标准，显然并不合理 [4]。处于贫困边缘的非贫困人口在这样的政策规定要求下，成为更加弱势的群体。有的省份对统筹地区内所有参保人设置同一个具体的个人年度起付金额，没有考虑到人们的收入和健康差异。不同收入阶层的经济承受能力不同，不同年龄阶段的疾病发生概率与损失程度不同，简单划一的数额规定将急需保障的

---

[1]　Ke Xu, David B Evans, Kei Kawabata, et al. Household Catastrophic Health Expenditure: A Multicountry Analysis[J]. Lancet, 2003(362): 111-117.

[2]　（城镇居民人均消费支出 30307- 食品烟酒支出 8678）× 城镇家庭平均户规模 2.62× 40%=22667.2 元。

[3]　（农村居民人均消费支出 15916- 食品烟酒支出 5200）× 农村家庭平均户规模 2.62× 40%=11230.4 元。

[4]　高广颖，马骋宇，胡星宇，杨显，段婷，贾继荣. 新农合大病保险制度对缓解灾难性卫生支出的效果评价 [J]. 社会保障研究，2017（2）：69-76.

大病患者阻挡于受益资格条件之外，造成其疾病经济风险无法有效转移和化解，经济负担难以降低。相关数据显示，住院病人家庭的灾难性卫生支出风险较高，是一般人群的 2.5 倍[1]。在实践中大病保险主要是针对住院患者予以报销，大多数统筹地区在制度试点之初便将起付线设置在 1 万元左右，因此大病保险制度对居民利用住院服务的作用更为显著，对于居民利用门诊服务的作用可能并不明显。

2. "合规医疗费用"范围狭窄

能够从大病保险获得多少费用补偿，与达到起付线后"合规费用"的数额有关。各地大病保险与基本医保的责任范围通常保持一致。对于不在基本医保"三目录"之内，无法从基本医保获得补偿的医疗费用，大病保险也不予报销。参保人只能获得"合规费用"范围的补偿，非"合规费用"由自己承担。然而，一旦罹患重疾，治疗手段和用药种类往往突破大病保险制度规定的合规范围，而且医疗费用越高，非"合规费用"占比越大，特别是自费药品占比会随着医疗费用的增长而持续增加[2]。对于一些需要接受目录外的医疗服务或使用目录外的药品与设施的参保人，自己承担非"合规费用"造成的经济压力依然较大。

现阶段大病保险主要解决的是因基本医保起付线太高、报销比较低和封顶线太高而产生的问题，而不是对基本医保保障范围进行扩大。因此，有的患者虽然获得来自大病保险"合规费用"的补偿，但是自费部分也相应增加，反而进一步增加了患者的自费负担。在很多地区门诊特殊病不被纳入大病保障范围，而低收入者通常更倾向于门诊就医，导致一些低收入患者不就医，大病保险不能真正惠及最需要的群体[3]。

---

[1] 吴群红，李叶，徐玲，郝艳红. 医疗保险制度对降低我国居民灾难性卫生支出的效果分析 [J]. 中国卫生政策研究，2012，5（09）：62-66.

[2] 张霄艳，戴伟，赵圣文，方鹏骞. 大病保险保障范围现况及思考 [J]. 中国医疗保险，2016（05）：30-32.

[3] 王昕，朱亚兰，龚丽洁，姚品，孙树. 城乡大病医保实施存在的问题及政府责任探讨——基于辽宁实践的研究 [J]. 卫生软科学，2020，34（04）：18-22.

3. 保留较低的封顶线

目前我国由商业保险机构承办的 605 个大病保险项目中有近一半没有封顶线，但是剩余的设置了严格的封顶线[1]，即设置报销最高限额。超过封顶线的医疗费用由患者自己承担。设置封顶线有助于控制基金支出，但是必然影响保障效果。理论上，按照灾难性医疗支出的止损原则，设置大病保险报销封顶线并不合理。在一般情况下，损失幅度与损失概率成反比例关系，发生大额医疗费用的人员数量比较少，随着费用上升，人数也迅速减少，即便不设置最高支付限额，极少数重特大医疗费用占大病保险基金的比重也比较低。有无封顶线对于基金支付压力的影响非常小[2]，但是对于参保人或重疾患者影响较大。保险的意义正是在于集合众人之力对少数人确实发生的重大损失予以分摊。在制度试点阶段，许多地方包括江苏省太仓市、陕西省西安市、宁夏回族自治区的固原市和石嘴山市等没有设置封顶线，也并未因此而出现高额医疗患者异常增加的情况，反而有效缓解了重特大疾病患者的经济压力，体现了制度公平性。从其他国家大病保障的实践来看，对个人自付费用实行封顶，对于防止弱势群体发生灾难性医疗支出具有重要积极作用[3]。

现阶段，我国基本医疗保险和大病保险已基本实现全民覆盖，困难群体在此基础上还能享受医疗救助的进一步补偿，富裕阶层可以通过商业健康保险来满足较高水平的保障需求。大病保险封顶线的设置，对于处于贫困和富裕之间的中间阶层影响最大。是否有必要长期保留封顶线？如果在一段时期内仍然保留，封顶线又应该设置在什么水平？如何设置？这些问题都需要随着制度运行进行深入的研究探讨。从总趋势上看，无论是理论还是实践，大病保险的封顶线都应逐步走向取消。

---

[1]　国新办举行城乡居民大病保险创新发展有关情况发布会 [EB/OL]. http://www.scio.gov.cn/xwfbh/xwbfbh/wqfbh/33978/35288/index.htm. 2016-10-19.

[2]　陈文辉 . 我国城乡居民大病保险发展模式研究 [M]. 北京：中国经济出版社，2013.

[3]　发达国家往往为弱势群体提供倾向性保障。德国的法定医疗保险覆盖了 98% 的民众看病所需的医疗服务，为了保护特殊群体免于发生灾难性医疗支出，德国采取对个人自付医疗费用封顶的办法，封顶对象主要包括低收入患者、社会救助者和慢性病患者。

4. 补偿模式设计不科学

我国脱贫攻坚战结束后，社会相对贫困问题会更为突出，已脱贫的边缘脆弱群体因疾病或突发事件等因素而返贫的风险大，需要大病保险提高补偿精准性。但是，目前政策设计采用整齐划一的起付线、封顶线和报销比，忽略了不同收入阶层购买力差异，难以实现对低收入阶层的精准帮助。困难人群的人均可支配收入远远低于社会平均水平，平均化的保障方案难免导致这部分人群承受更为沉重的医疗费用负担。

就报销比而言，大病保险采取累进分段比例支付和统一比例支付方式，对于患者的费用构成与经济负担具有不同影响。从低到高各医疗费用段，如果采取累进分段支付比例，那么患者个人的自付比将由 33.96% 下降到 30.9%。而在采用统一支付比例的地区，大病患者在 10 万～ 20 万元和 20 万元以上的个人自付比却没有因医疗费用的增加而降低[1]。相较而言，前者更能明显降低高额费用段人员的自付比。从医疗费用来看，建档立卡贫困户中大病患者的平均医疗费用水平是总体水平的两倍多，而门诊慢性病患者的医疗费用水平是普通门诊的十倍左右[2]。目前各统筹地区对门诊慢性病的保障措施不全，不能有效解决低收入人群门诊慢性病的医疗费用负担问题。

（二）筹资机制尚不完善、医疗费用快速上升增加基金风险

1. 筹资机制不完善

大病保险实现可持续发展的关键之一在于筹资。筹资渠道、筹资标准和统筹层级都会影响基金的承压能力。目前大病保险的筹资机制不完善，造成了筹资能力不足和基金收入有限。

---

[1] 张霄艳，赵圣文，陈刚. 大病保险筹资与保障水平现状及改善 [J]. 中国社会保障，2016（09）：81-82.

[2] 谢明明，刘珏岑，吴国哲. 建档立卡贫困人口医疗保障政策效果研究——基于改善灾难性卫生支出的视角 [J]. 卫生软科学，2020，34（09）：28-32.

第一，筹资渠道单一且不独立，筹资标准和统筹层级较低。按照 2012 年《指导意见》，大病保险筹资不限于基本医保基金一种渠道。但各地在实践中，从基本医保划拨资金基本上已经成为大病保险的唯一渠道，仅个别地区在基本医保基金划拨之外增加了个人缴费。大病保险没有形成独立的筹资渠道，高度依赖居民医保制度。虽然我国城乡居民医保的财政补助和个人缴费逐年增长，但是财务状况并不乐观（图 6.1），基金结余率基本上一路走低，基金使用率超过有效抵御风险的警戒线。2019 年我国居民医保基金使用率达到 96%，2020 年下降到约 90%，2021 年又回到96%。从风险管理角度来看，医保基金使用率最好保持在 80% 左右，超过 90% 说明风险准备金不足，直接影响抗风险能力。我国居民医保各年基金结余的波动起伏较大、不稳定因素较多，而且地区差异较大，有的地区已出现基金缺口。在不少地区试行的长期护理保险，其筹资也是从居民医保划拨，进一步加大了基金运行压力。

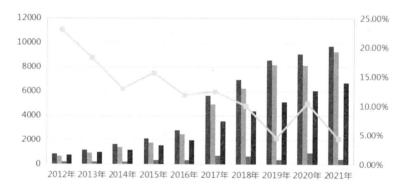

图 6.1　2012—2021 年我国城乡居民基本医保基金情况

从学理和法律角度而言，基本医保基金采用现收现付制意味着"以支定收"，根据事先既定的待遇水平所产生的医疗费用支出来确定筹资标准。当基金不能满足支出需要时，可提高筹资标准；反之，结余时可降低费率或提高待遇。提高待遇与确定待遇都需要经过法定程序。将专款专用的基本医保基金划拨给大病保险，在法理上缺乏充分依据[1]。从现实角度出发，居民医保基金要维持自身财务平衡已经很

---

[1]　何文炯. 大病保险制度定位与政策完善 [J]. 山东社会科学，2017（04）：65-69.

难，还要从中划拨一部分给大病保险；两者共用一个资金盘子，大病保险对基本医保的"抽血"效应凸显[1]。未来如果不进一步提高居民医保筹资水平，无论是居民医保还是大病保险都将难以持续。但是，提高居民医保筹资水平并非易事。居民医保筹资采取财政补助与个人缴费相结合，财政补助一直都是最主要的来源。我国居民医保筹资额度逐年增加，财政补助与个人缴费的比例却从2013年的4：1下降到2021年的1.8：1，个人缴费负担相对加重。当前和未来一段时期，在经济下行和地方财政增收普遍面临压力的情况下，政府大幅提高居民医保补助的空间并不大。绝大部分统筹地区居民医保的个人缴费按照定额筹资方式征收，应缴定额逐年上升，与社会经济现状和医疗费用变化关联低，而且没有与参保人收入相挂钩的动态调整机制，导致收入偏低但尚未达到建档立卡贫困人口标准的群体的医保缴费负担逐渐加重[2]。个人往往对自己的医保缴费更为敏感，缴费负担加重会使低收入群体和健康状况相对良好、参保意愿并不强的低风险人群退出居民医保，不利于巩固来之不易的制度建设成果。一些地方为了解决大病保险筹资困难，把职工医保参保人也纳入大病保险。但是，现阶段职工医保与居民医保所对应的权利义务关系有很大差异，从职工医保基金结余中划出资金用于支持大病保险会导致实质上的不公平。况且当前职工医保基金结余也是暂时的，在人口老龄化背景下退休年龄不变和退休后不缴费的政策如果继续得以执行，"系统老龄化"将导致若干年后职工医保基金也不能自求平衡[3]。

第二，筹资标准较低。从各地情况来看，大病保险定额筹资多为25～50元/人，比例筹资大约是城乡居民基本医保基金筹资总额的5%～6%，最高不超过10%。朱铭来等（2013）以恶性肿瘤为大病代表对大病保险补助人数和医疗费用支付进行

---

[1] 魏哲铭，贺伟．城乡居民大病保险制度实施困境与对策 —— 以西安市为例[J]．西北大学学报（哲学社会科学版），2017，47（4）：107-113．

[2] 谢明明．我国基本医疗保险全覆盖的挑战及对策[J]．中国医疗保险，2020（01）：13-17．

[3] 何文炯，徐林荣，傅可昂，刘晓婷，杨一心．基本医疗保险"系统老龄化"及其对策研究[J]．中国人口科学，2009（02）：74-83+112．

预测，发现 2013 年大病保险总支出占当年医保基金收入的 14.27%，2015 年大病保险总支出需要从基本医保划转 16.07%，扣除统计误差，大病保险支出占基本医保基金收入的比例应在 15% 左右 [1]。无论是绝对数额还是相对比例，当前筹资标准距离 15% 的测算标准都有较大差距 [2]。虽然国家政策要求不断提高大病保险的报销比和保障水平，但是在经济发展新常态背景下筹资的高速增长受到限制。在现阶段筹资增长水平下，无疑需要寻找更加合理的筹资增长策略。

第三，统筹层级较低。目前大量地区还停留在县区或地市级统筹。统筹层次较低造成参保者在不同地区间的转移或就医报销受到限制，难以提升基金的规模效应和使用效率。有的地区有结余，有的地区是赤字，基金只限于统筹地区内流动，不能顺畅实现统筹地区之间的资金互济。提高统筹层次意味着更多的参保人和更大的风险分担范围，有助于增强基金运行稳定性。但是，提高统筹层次存在一些制约因素，如各统筹区的筹资水平与补偿待遇难以统一、难以调动地区基金监管的积极性、建立统一信息平台周期长、招标管理难以统一等 [3]。

2. 医药费用高速上涨

近年来我国城乡居民住院和门诊医药费用一直呈快速上升趋势。《中国卫生健康统计年鉴》显示，2015—2020 年我国住院病人人均医药费由 8268.1 元上升到 10619.2 元，门诊病人人均医药费由 237.5 元上升到 324.4 元 [4]。卫生部门调查发现，老年人发病率比中青年人高出 3 ～ 4 倍，住院率高出 2 倍。老年人患大病和慢性病的比率为 71.4%。家庭成员患慢性病将显著增加家庭灾难性医疗支出风险，患慢性

---

[1] 朱铭来，于新亮，宋占军. 我国城乡居民大病医疗费用预测与保险基金支付能力评估 [J]. 保险研究，2013（05）：94-103.

[2] 根据本书第五章研究，在现行大病保险筹资标准和筹资增长水平下，无论是采取定额筹资还是比例筹资方式，长期来看都很难实现基金财务平衡。

[3] 顾海，许新鹏，武文轩. 城乡居民大病保险市级统筹的制约因素及优化路径 —— 以江苏省为例 [J]. 卫生软科学，2020，34（11）：77-80.

[4] 国家卫生健康委员会. 2020 中国卫生健康统计年鉴 [EB/OL]. http://www.nhc.gov.cn/mohwsbwstjxxzx/tjtjnj/202112/dcd39654d66c4e6abf4d7b1389becd01.shtml.

病数量越多，陷入灾难性医疗支出的概率也越高[1]。人口老龄化加剧、慢病高发致使医疗卫生服务需求增加、医疗费用不断飙升，大病保险基金压力与日俱增，挑战着制度的可持续性。一些人口老龄化比较严重的地区将面临更大的基金赤字风险。近年来由于医疗费用上涨，大病保险筹资水平不断增长，但是实际保障水平并未随之增长。

3. 各方道德风险行为

一直以来，医疗保险领域的道德风险问题严重。大病保险有可能进一步加大各方道德风险。首先，各地在实践中以高额医疗费用作为大病保险的补偿条件，缺乏对具体病种的筛选，本身就存在着推高医疗费用的负面激励，容易使患者产生过度医疗的动机[2]。其次，在趋利动机下医生基于专业信息优势和双重代理身份可能诱导医疗需求，增加不必要的检查、用药或治疗手段。最后，政府向商保公司购买大病保险经办服务，政策要求承办机构只能保本微利，商保公司甚至有可能因承办而出现亏损，因而缺乏对医疗费用进行有力监督的动机[3]。由于商保公司承办，医保机构有可能更加疏于对医患双方行为的监督，导致不合理医疗费用的扩大。如果缺乏科学的费用控制机制，大病保险就难以对道德风险导致的不合理医疗费用快速上涨进行有效控制，制度对参保人增加的费用补偿在很大程度上会被上涨费用抵消，即使制度全覆盖并且提高保障水平，灾难性医疗支出发生率和因病致贫发生率仍然会较高。能否有效应对道德风险，关系到大病保险保障能力的可持续性。这是一个与医疗、医药、医保相关的综合性问题，也是一个重大而迫切的现实问题。

---

[1] 张楚，王怡欢. 慢性病与灾难性卫生支出风险研究 —— 基于 2018 年 CHARLS 数据 [J]. 中国卫生政策研究，2021，14（04）：42-48.

[2] 沈焕根，王伟. 大病保险按病种划分公平吗？[J]. 中国医疗保险，2013（04）：12-13.

[3] 李亚青. 政府购买服务模式下的大病保险有效监管研究 [J]. 中国卫生政策研究，2017，10（04）：24-30.

（三）主办与承办机构之间委托代理关系不全

在大病保险中构建公私合作关系，有利于提升公共服务能力，让政府由整体的控制者转变为参与者和监督者，主要承担宏观调控和监督职能，但是在实践中政府部门几乎垄断了决策、组织、筹资、补偿和监管等全部职责。在一些地方的大病保险运营中，政府承包从筹资、赔付、保障对象管理到监督运行整个流程。承办机构被视为只发挥付费计算作用的"出纳员"，专业优势没有得到发挥[1]。虽然引入了私人部门和市场机制，但是政府严格控制各方面细节，导致保险公司自主权丧失，承办积极性和经办效率都不高。主办机构与承办业机构之间并未构建健全的委托代理关系。

1. 对承办机构的合同管理不规范

第一，主办机构与承办机构之间风险共担机制缺失，"保本微利"原则在落地时变形。目前一些地方政府和部门对经办业务的合同管理不规范，自由裁量权很大，背离了"风险共担"的政策导向。《指导意见》明确大病保险承办遵循"保本微利"原则，各地在出台实施细则时并没有对"保本微利"进行具体解释，造成理解不一。在实践中主要有以下几种模式：第一种是结余需要全额返还；第二种是在承办机构扣除必要成本后，结余全额返还；第三种是全额或部分返还结余，同时医保部门予以适当奖励；第四种是收支缺口风险完全由承办机构承担；第五种是收支缺口风险部分由承办机构承担。无论哪一种模式都体现不对等的权责关系，造成承办机构亏损现象严重。一些地方规定除了因医保目录调整、筹资水平调整、待遇保障政策调整、突发公共卫生事件等政策性原因导致的亏损由社保和商保分担外，非政策性亏损全部由商保承担。政策性亏损与非政策性亏损的界定是风险责任划分的关键。在实践中两者又委实难以清晰界定，尤其是在商保缺乏话语权，仅扮演"出纳员"角

---

[1] 李玉华. 城乡居民大病保险制度运作中的政府职责——基于政府购买公共服务的视角[J]. 南方金融，2016（04）：81-86.

色和专业优势难以发挥的情况下，由商保公司承担因此形成的亏损，反映了行政权力过大。对政策性亏损定义不明确、盈余返还与亏损补偿不完全对等、微利界限不明确，使得风险调整机制难以发挥预期作用，一旦发生超赔会影响到大病保险的可持续运行。可以说，这种主要来自统筹地区地方政府的政策执行和落实问题属于宏观层面的政策风险，是一种外生风险，在很大程度上需要中央政府对此进行规范，更需要地方政府和部门完善合同管理，减少自由裁量权与不确定性，建立、完善风险共担机制[1]。

第二，主办与承办机构之间没有建立购买服务的长效稳定机制，承办机构面对的市场风险和经营风险较大。除了政策风险之外，商保公司承办大病保险还会面对市场风险和经营风险。由于大病保险招投标的焦点并不是大病保险的筹资水平和补偿比例，而是费用率，通常是价低者得。保险公司投标时往往超出自身承保能力而恶意竞标、大打价格战。因此，市场风险非常高。商保公司作为专业经营风险的组织，不难应对微观的经营风险，但是大病保险的特殊性在于商保公司缺乏充分有力的手段控制医疗供需双方行为和医疗费用，而且对医保部门相关理赔的审核过程和最终结果缺少应有的话语权。经办合同通常是 3 ～ 5 年期，与保险业务稳定经营所需要的长期性构成矛盾。承办业务需要大量投入并需要较长时期才能收回，到期后若不能续约会造成巨大的沉没成本，导致商保公司参与经办的积极性不高，或是中标签约后出现短期行为。政府购买服务合同关系缺乏长期稳定性，使商保公司对经办业务的成本收益缺乏正确预期，而且社保机构频繁变更经办业务合作方也会带来管理模式转换、业务系统对接、信息交流共享等方面的问题，增加制度的运行成本，可能会出现管理服务真空与漏洞，甚至是基本公共服务中断的政治风险。

2. 主办机构对承办机构的监督考核机制不健全

大部分地区政府几乎包揽大病保险所有业务流程，商保公司在竞标成功后仅承担"出纳"角色，相当于政府购买了商保公司的单一结算服务。在"保本微利"原

---

[1] 朱俊生.大病保险可持续发展需要法治保障[J].中国医疗保险，2017（07）：27.

则下，商保公司经办业务的积极性不高，对医疗风险管控乏力。对于参保患者发生的医疗费用，商保公司一般仅是协助医保机构完成费用结算工作，加上大多数统筹地区大病保险合规费用范围和基本医保政策范围相同，甚至不需要进行费用审核。对于医疗供方，由于商保公司介入医院的难度要比社保更大，商保公司全国网点优势及监管审核优势也基本没有得到发挥。商保公司是追求利润的市场主体，在保险市场具有信息和专业优势，加上疾病风险具有较大不确定性，处于信息劣势的社保机构对制度运行过程中存在的道德风险可能无法及时发现并且有效防范，可能发生商保公司虚报大病保险运营情况或虚增管理费用，致使基金受损并且对社保部门决策和管理形成误导。虽然经办大病保险业务已在前期签订了具体协议，但是商保公司服务是否到位，是否存在为追求利润而降低服务质量和标准，是否有效管控医疗风险和医疗费用，是否做到应赔尽赔，都没有具体的标准予以衡量。

3. 系统建设滞后，信息对接与共享机制不健全

由于国家层面统一的信息平台建设标准尚未建立，地方信息平台建设差异较大，不仅各地之间难以进行沟通，而且商保公司在经办中获得数据也十分有限。虽然一些商保公司在积极开发信息系统并且按照要求对数据执行严格保密制度，但是和地方医保部门对接困难。商保公司所获数据以统计层面数据居多且缺乏政策延续性，造成商保公司游离于就医过程的核心风险管理流程之外，在介入大病保险前也无法准确测算盈亏[1]。在实践中还存在商保公司对大病异地就医报销进行审核时，因信息系统与医保部门系统没有实现对接而不能实时核实报销人员身份的情况。由于多数大病保险招投标合同中缺少数据对接方面的硬性规定，商保公司在系统对接上缺乏话语权，系统对接难度大、成本高，造成了商保公司的数据有效性不足，难以发挥精算和控费的专业优势。因此，需要重视大病医保信息系统技术标准的统一和加

---

[1] 朱铭来，解莹，李海燕. 大病保险委托商保承办的现状及问题分析 [J]. 中国医疗保险，2020（03）：18-22.

强数据共享，包括与商保公司的数据共享、与基本医保的数据融合 [1]。

（四）制度定位不清，与其他医保制度衔接不畅

1. 大病保险制度定位不清

大病保险制度定位于大病保障，委托商保公司经办，但是资金来源于基本医保基金划拨，待遇范围也基本上延续基本医保目录范围，可视为基本医保的"二次报销"。作为一项独立的保险制度，大病保险却没有独立的资金来源渠道，没有解决居民自费费用的保障问题，反而增加了不同部门之间协调和管理的成本。对承办机构而言，大病保险既不是商业保险，也不是传统的补充性医疗保险。有的学者认为大病保险是基本医疗的延伸和拓展，是基本医疗保险的重要组成部分。有的学者认为大病保险由商业保险承办，基金投资运营具有一定的营利性质，不属于基本医疗保险 [2]。官方将其定义为基本医保待遇的延伸，但很多专家认为目前该制度存在的诸多问题都源自定位不清 [3]，由于制度定位不明，受益人群广泛但报销额度偏低，泛化为一项社会福利而没有实现保大病的宗旨 [4]。

2. 与其他医保制度衔接不畅

我国基本医保制度从低水平、保基本起步，符合社会保险的发展规律和现实国情。为了提高保障能力，后续逐步建立多层次医疗保障体系，渐进发展的思路值得肯定，但是出现政策交叉重叠、功能弱化、衔接不畅、成本增加等问题，具体表现

---

[1]　于保荣，柳雯馨，姜兴坤，陈正，彭文潇，王振华. 城乡居民大病保险信息系统建设现状研究 [J]. 卫生经济研究，2018（03）：3-6.

[2]　姜学夫. 我国大病保险制度面临问题及可持续发展建议 [J]. 中国人力资源保障，2018（10）：35-36.

[3]　学界对于大病保险是准公共产品的性质已经达成一致，对于政府主导、商业保险公司经办大病保险方式的质疑也日渐式微。然而，对大病保险的制度性质和定位认识尚不清晰。

[4]　戴伟. 政策精准治理视角下我国大病保险定位与发展研究 —— 基于四省大病保险试点运行数据的分析 [J]. 社会保障研究，2019（5）：42-51.

为：基本医保与医疗救助的保障内容与待遇水平互相挤占、基本医保与商业健康保险缺乏科学合理协作、基本医保与大病保险的保大病功能相重合并且资金与待遇水平相互牵制等。大病保险以对基本医保制度打补丁的方式来解决问题，可能会产生一些新的问题，不仅使大病保险本身的长远发展受到质疑，也造成整个医疗保障体系的衔接不畅与失序。

从横向上看，有的地区将职工大病补充保险制度与面向居民的大病保险融合，有助于拓展覆盖面和增强基金实力，但是其中涉及不同群体的医保权利和义务，难以有效平衡筹资和待遇的关系。职工医保和居民医保在缴费主体和缴费标准上有很大差别，职工医保缴费远高于居民医保，但是待遇相差却不大，后者的经济福利性更为明显。把职工纳入大病保险保障对象，在大病保险筹资中职工缴费占总保费的比重大而居民缴费占比较小，较大幅度提升居民医保待遇可能会制造新的群体不公，滋生逆向选择行为 [1]。从纵向上看，大病保险制度与基本医保、医疗救助、商业健康保险等项目有效衔接，取决于其定位是否准确、边界是否清晰以及瞄准机制是否科学。目前大病保险自身定位与其他各项医保制度的边界和衔接问题尚未厘清，因而在缓解家庭灾难性医疗支出风险方面显得力不从心，在一定程度上偏离了制度本心和初衷，泛化了制度受益的精准性和靶向性 [2]。推出大病保险制度来解决医疗保障方面存在的问题，需要在大病保险的制度定位、与其他制度的衔接、筹资与待遇的公平性等多个问题上有较为明确的思路与解决办法。

[1]　仇雨临，黄国武．大病保险运行机制研究：基于国内外的经验 [J]．中州学刊，2014（1）：61-66.

[2]　张心洁，周绿林，刘畅．农村居民大病保险制度设计与运行中的问题及成因 [J]．西北农林科技大学学报（社会科学版），2016，16（05）：8-14.

第七章　城乡居民大病保险制度优化策略

从早期医疗保障匮乏状态到覆盖全民医保体系的形成，再到大病保险的实施，加上商业健康保险和各项医疗救助措施，目前我国已经构建起覆盖广泛、项目丰富、层次分明的医疗保障体系，为城乡居民提供全方位的疾病风险保障。多层次医保体系初步建立并发挥有力作用，但是大病保险却成为医保体系中的"短板"，保障水平偏低而且保障能力不具备可持续性，极大地弱化了制度功能。随着大病保险建设的不断推进，发展目标已经从简单扩大覆盖面的形式公平转变为促进实质保障公平，需要通过制度优化来提高运行效率和资源配置效率。优化大病保险制度应当综合寻策，在制度属性与定位、制度内容设计、经办监管、制度联动等方面不断深化认识，进一步完善体制和机制，以实现大病保险的健康、高效、公平与可持续发展。

一、明确制度定位，加强与其他医保制度的衔接

（一）明确大病保险制度定位

对于大病保险到底是依托现有医保体系，还是单独设立一个险种，目前学界较

为主流的观点是不宜单独建立大病医疗保障制度。王东进（2014）认为重特大疾病保障和救助机制也是基本医保制度的一个组成部分，而不是一个新的"大病保险制度"。重特大疾病的保障和救助要解决的是"灾难性支出"造成的家庭困难，不是一般大病。一般性的大病已在基本保险范围内解决，所谓保基本就是保大病患者也能够恢复基本生活水平，并非保门诊小病[1]。吕国营（2013）认为如果真建立一套独立的大病保险制度，将进一步掩盖基本医疗保险"保大病"的本来面目，强化其"保小病"的一面，最终断送来之不易的基本医疗保险制度[2]。未来大病保险应该何去何从？是并入基本医保还是作为独立制度而存在？由于大病保险实质是因为居民医保的政策偏移与执行偏颇，导致保险功能未能充分发挥而进行的制度性纠偏，笔者建议将大病保险作为基本医保待遇的延伸，并入基本医保制度作为二次报销。在此基础上允许商保公司开发筹资渠道、突破基本医保目录范围，主要针对自费费用，政府予以大力支持以实现补充医疗保险的功能，为基本医保与大病保险的有效衔接创造条件。

（二）加强制度衔接，构建重特大疾病保障体系

大病保险并不能保证所有大病患者都不发生灾难性支出。对于极少数低收入或发生巨额医疗费用的患者，大病保险仍不能解决其实际困难，需要通过其他医疗保障办法加以解决。重特大疾病医疗救助、商业健康保险、大病互助都能在缓解因病致贫和因病返贫方面发挥作用。2020年3月，《中共中央国务院关于深化医疗保障制度改革的意见》首次明确了"强化基本医疗保险、大病保险与医疗救助三重保障功能"。2021年11月，国务院办公厅发布《关于健全重特大疾病医疗保险和救助制度的意见》。这一政策顶层设计聚焦减轻困难群众重特大疾病医疗费用负担，提出强化基本医保、大病保险、医疗救助综合保障，促进三重制度综合保障与慈善

---

[1]　王东进. 关于重特大疾病保障的几个基本问题 [J]. 中国医疗保险，2014（09）：5-8.

[2]　吕国营. 基本医疗保险实质上就是大病基本医疗保险 [J]. 中国医疗保险，2013（08）：43-44.

救助、商业健康保险等协同发展、有效衔接，构建政府主导、多方参与的多层次医疗保障体系，为我国健全重特大疾病保障体系和大病保险的发展指明了方向。

大病保险应与基本医保共同构成医疗保障的基本层次，为人民群众提供基本水平的医疗保障。在基本医保和大病保险之间，大病保险和医疗救助之间，理想的保障模式应当是定位明确、层次分明、衔接有序的纵向"再保险"模式，而非功能重叠、范围交错的横向"共同保险"模式。这不仅对大病保险本身发展具有重要影响，而且关系到能否建立起保障有力的医疗保障体系。在重特大疾病保障方面，需要对大病保险进行准确定位并优化运行机制，同时夯实重特大疾病医疗救助、大力推进商业健康保险、积极探索大病互助模式，构建起包括基本医疗保险、大病保险、大病医疗救助、商业大病保险和大病互助在内的多层次大病保障体系[1]。重特大疾病保障体系建设应充分发挥政府、市场、社会和个人的作用，共担风险。

厘清不同医疗保障项目的制度定位，有助于避免不同医疗保障内容的互相挤占和缺位，推动构建制度之间的无缝衔接机制。有效地衔接各项医保制度，在保费收缴、理赔、被保险人信息、与医药机构合作等方面，实现制度分工明确、边界清晰、衔接有序。首先，应做到信息管理平台互联互享、公开透明，实现一站式信息交换和即时结算，强化各项制度间的互补联动，形成保障合力。其次，结合当前我国医保异地就医工作的推进，应积极探索重特大疾病医疗救助异地就医管理机制，确保群众能够及时、便捷地享受大病保险待遇。

二、科学设计保障内容，优化补偿方案

真正解决居民大病保障问题，实现大病保险基金收支平衡和可持续运行，需要科学设计保障内容和补偿方案。目前，大病保险在化解灾难性医疗支出和减轻居民医疗经济负担上，没有充分发挥保障功能。狭窄的保障内容、平均化和普惠性的补偿方案导致制度对于真正陷入灾难性医疗支出的群体保障效果有限。将来应从保障

---

[1]　向运华，王晓慧. 构建以大病保险为基础的大病保障体系 [J]. 中国医疗保险研究，2020（05）：23-26.

人群（宽度）、保障范围（深度）和支付水平（高度）三个维度着手，切实提高保障力度与效果。

（一）保障人群方面，加大对社会脆弱群体卫生服务需求的关注

2015 年《意见》出台后，很多省份先后为困难群体制定倾斜政策，体现了政府对弱势群体的关怀和社会主义制度的优越性。今后仍需把重点支持和帮扶弱势群体作为大病保险的重大命题之一，不断增强保障的公平性。

第一，持续加大对贫困人口的倾斜力度。当前大病保险在贫困人口的制度覆盖、保障待遇、经办服务等方面一系列倾斜政策取得了良好效果，但是还存在"济贫"不充分的问题，导致其医疗保障受益水平尚未达到应有的规模效应水平。基本医保的保障水平有限，如果只有基本医保，贫困户仍需支付近一半的医疗费用，医疗负担沉重，容易陷入"贫困—医疗费用—加剧贫困"的恶性循环。因此，大病保险需要持续向贫困人口倾斜，并且提升医疗救助水平，防范低收入人群因病致贫和因病返贫。通过对低收入人群的常态化医疗保障政策倾斜，构建医保反贫困的长效机制。第二，加强对贫困边缘人口的倾斜。相较而言，贫困边缘人口从大病保险中获得的倾向性照顾更为不足。其实他们应对疾病风险的能力极为有限，因一次事故、一场疾病、失去工作等偶发事件就可能陷入极度贫困，往往面临较大的医疗服务可及性难题和因病致贫风险。党的十九届四中全会提出"要打赢脱贫攻坚战，建立解决相对贫困的长效机制"，意味着我国医疗扶贫方向由"精准性"向"常规性"转变。可以预见，未来医疗扶贫对象也更加关注收入水平低于社会平均收入水平的相对贫困家庭[1]。第三，对老年和慢病群体给予更多的照顾与支持。近年来出现"看病贵、看病难"的问题主要集中在中老年家庭当中[2]。门诊慢病患者由大病保险获得的系统性保护不足。统筹地区应根据本地医保基金水平和慢性病发病规律，科学测算门

---

[1] 李涛，成前. 相对贫困家庭的灾难性医疗支出测度与空间传导机制研究 [J]. 江西财经大学学报，2021（4）：86-99.

[2] 牟俊霖. 中国居民的健康风险平滑机制研究 [M]. 北京：中国社会科学出版社，2015.

诊慢性病基金需求，建立和本统筹区相适应的门诊慢性病保障措施，解决低收入人群门诊慢性病的医疗费用负担问题。

对各种社会脆弱群体进行倾斜性照顾应注意以下几点：一是大病保险对困难群体的倾斜政策，不应与面向城乡低保户、贫困户、五保户等特殊困难群众的医疗救助制度产生功能重叠和效用抵消。二是对困难群体采取降低报销门槛、提高补偿水平的做法不应给承办机构带来风险。这需要综合考虑制度之间的整体协同效应以及制度的运行风险。三是倾斜政策应引导参保人合理预期，明确保障范围，确保基金安全。为了防止出现小病大医等道德风险而造成医疗资源浪费，要引导参保人产生合理预期，鼓励使用目录内药品并做好医疗费用控制，避免出现基金收不抵支。

（二）保障范围方面，进一步拓展"合规费用"范围

多数地区大病保险的补偿范围仍局限于基本医保"三个目录"之内，在一定程度上使得大病保险和基本医保在保障功能上重合，不利于降低大病患者的经济负担。从大病保险制度设计最根本的目标出发，应当是基于保障参保人的健康与医疗服务需求，既解决基本医保目录内的费用，也解决目录外的费用[1]。简单扩展大病保险"合规费用"会导致基金浪费和支出风险剧增，需要通过精准方式提高资金的使用效用。大病保险的保障责任范围应在基本医保目录范围的基础上，深入调查研究重特大疾病治疗费用损失分布，据此选择若干惠及面较广、总费用可控的病种及其通常采用的治疗项目、药品耗材与设施，将其纳入大病保险保障范围。这需要配合以谈判方式将临床必需的高价药品和耗材纳入报销，并且加强使用上的监管，既提高参保人对新治疗方案的可及性，又控制基金支出。各地经验显示，对谈判药品进行药物经济性评价和对医保基金预算影响进行分析，有助于提高保险效率和控制基金风险[2]。

[1] 何文炯.大病保险辨析[J].中国医疗保险，2014（07）：12-14.
[2] 董朝辉.大病保险政策的关键问题探讨[J].中国医疗保险，2017（07）：15-19.

（三）补偿水平方面，渐进提高实际报销比

大病保险覆盖所有居民医保的参保人，就这一层面而言大病保险制度设计遵循普惠性原则，但保障范围和保障水平的核算是保证制度可持续发展的关键，因此制度设计既要突出受益公平性，同时还要结合各地区人口特征和疾病发生率等特征对当地大病保险保障范围和标准予以调整，在保证基金可持续的前提下不断提高对大病患者的保障水平。提高保障水平就是要降低城乡居民发生大病后接受医疗服务的自付比例，将其控制在居民可以承受的负担水平内。补偿方案涉及诸多参数，如起付线、封顶线、补偿比例、区间分段等，每个参数设计都会对参保个体能够获得的保障程度具有重要影响[1]。

灾难性医疗支出的发生与家庭经济水平、家庭成员健康状况相关，因此应当积极探索大病保险差异化补偿方案，科学合理地确定起付线、起付线、报销比、合规费用范围、区间分段等参数，以贫困家庭为重点，针对不同类型家庭实施不同补偿办法，切实提升制度保障效果。在继续向特定贫困人口实施倾斜性保障的同时，可根据居民疾病状况和收入设置不同的报销比例，使得最需要大病保险的人能够充分享受制度红利[2]。随着大病保险的筹资水平和经办能力提升，建立起付标准和封顶线的动态调整机制、合规医疗费用界定的药物经济学评价机制，以实现在实际支付比例上达到政策目标。就封顶线而言，经济较发达的地区可以先尝试根据收入水平分段设立个人自付最高限额，以真正化解家庭灾难性医疗支出风险，将来逐渐取消封顶线。

---

[1] 许锋，王晓军，曹桂 . 我国大病保险区间分段模式研究 [J]. 数学的实践与认识，2017，47（16）：1-9.

[2] 福建三明市在《关于进一步完善城乡居民大病保险工作的实施方案》中指出，在做好基本医保和大病保险的基础上，对特定病种的保障水平进一步提高，对于新农合参合人员罹患 12 类大病的，在大病保险报销比例各分段补偿标准上再提高 5% 给予报销。这切实减轻了参保人员的医疗费用负担，是一种值得借鉴的做法。

　　大病保险报销比和保障水平并非越高越好，否则容易诱发道德风险，造成卫生资源和基金的浪费。大病保险最优保障水平，在宏观层面上应实现社会范围内灾难性医疗支出发生率最小。国际经验表明，当个人现金卫生支出占卫生总费用的比例小于 15% ～ 20% 时，一国灾难性医疗支出发生率和因病致贫率较低，当一国政府卫生支出占 GDP 的比例超过 5% ～ 6% 时罕有家庭面临医疗服务经济困难 [1]。在个体层面，医保报销后个人自负费用不应导致发生家庭灾难性医疗支出。各统筹地区应结合当地经济发展水平和医保筹资能力，科学设定大病保险保障水平，有效衔接起基本医疗保险、大病保险和重特大疾病医疗救助。在保障水平上，大病保险不应以全体居民个人自负比降到最低作为终极目标，而是在个人自负比一定的条件下倾向对弱势群体的保护，防止部分困难群众因病致贫 [2]。

三、完善筹资机制，增强制度财务平衡能力

　　筹资方式、水平和规模，在一定程度上影响着覆盖人群、保障范围、保障水平，以及制度的发展空间和潜力。我国大病保险的补偿效果在发达地区与西部落后地区、不同收入水平和户籍的人群之间存在着一定的差异，基金规模大小是影响制度补偿效果的主要因素之一 [3]。面对人口老龄化加剧、疾病谱变化、医疗科技进步和医疗服务需求增加等原因造成的医疗费用快速上涨，未来需要大力完善大病保险的筹资机制，增强基金长期收支平衡能力。

　　[1]　Ke Xu, Priyanka Saksena, Matthew Jowett et al. Exploring the Thresholds of Health Expenditure for Protection against Financial Risk[M]. World Health Report. Background Paper 19, 2010.

　　[2]　宋占军，朱铭来. 大病保险制度推广对各地城居医保基金可持续性的影响 [J]. 保险研究，2014（01）：98-107.

　　[3]　丁一磊，杨妮超，顾海. 中国农村居民重大疾病保障制度评价指标体系构建及运行效果分析—— 以东中西部 101 个医保统筹地区为例 [J]. 南京农业大学学报（社会科学版），2017，17（6）：48-58.

（一）拓宽筹资渠道

大病保险作为一项社会保险制度，应当强化社会互助共济的意识和作用，形成政府、个人和保险机构共同分担大病风险的机制。按照现行政策，大病保险资金主要来源于基本医保基金划转，对基本医保基金结余有要求，结余不足或无结余的地区无法适用，对当前有结余今后结余用完的地区也不适用。而且特殊困难群体的高额医疗费用需求、城乡居民合规费用外的高额医疗费用需求，仅靠基本医保基金拨款是不够的，结果可能导致基本医保和大病保险在未来同时出现支付危机。大病保险需要从财政拨款、个人缴费、社会捐赠等渠道筹资，同时对这些需求通过医疗救助、补充保险和商业保险等途径予以满足。在实践中一些地区，如广东省已经开始积极探索政府补助、公益慈善等来扩充大病保险筹资。政府应当为大病保险建立预算化的常态投入机制，改变目前筹资标准增长的随机性和不确定状态，形成居民对大病保险筹资的稳定预期。

（二）建立动态调整、可持续的筹资机制

可持续的筹资机制，要求筹资水平与经济发展水平、筹资主体的经济承受能力和提供的待遇水平相适应，筹资增长幅度与居民收入增长水平、财政状况和医疗费用的上涨情况相一致[1]。在人口老龄化程度加重、经济增速放缓和财政能力趋弱的预期下，单一从基本医保划拨资金难以支持大病保险的持续运行，个人也需要单独为制度供款，应当建立个人缴费与人均可支配收入相衔接的机制，增加筹资金额。根据各地的经济状况，政府给予适当财政补贴。在医保基金支出持续快速增长的情况下，应当明确财政注资补贴机制，研究确定在什么时机、以什么方式、按照什么标准对大病保险的基金缺口进行补贴。

---

[1] 谢明明. 我国基本医疗保险全覆盖的挑战及对策 [J]. 中国医疗保险，2020（01）：13-17.

（三）稳步提高统筹层次

现阶段大病保险以市级统筹为主，部分地区实现省级统筹。各地政策的严重"碎片化"致使大病患者在异地就医和结算方面受到限制。渐进提高大病保险的统筹层次、降低基金运营风险和最终实现全国统筹已成为各方的共同愿景。然而，基于各地保障水平参差不齐的现实，需要对追求或迈向"全国统筹"保持理性谨慎，不能忽略和违背大数法则发挥作用的前提是对同质风险的要求。各地在筹资标准、保障对象、保障范围与水平、实施办法等方面存在较大差距，需要充分考虑提高统筹层次、保持制度财务稳定、控制运营风险三者之间的关系。由于当前大多数省份采取市级统筹，可以先在小范围实行统一，随后稳步推进逐步过渡到全省统一政策。在未来相当一段时期内，省级统筹应当是较为理想和稳妥的选择。

（四）统筹发展，建立城乡一体化大病保险

当前我国以基本医保为主干的医疗保障体系存在严重碎片化，影响国民健康保障权益的实现和提高。为应对碎片化带来的诸多问题，未来改革的方向应该是进一步整合各项制度，走向统一的全民健康保险制度[1]。随着医疗保障制度的城乡一体化，大病保险的统筹模式与进程也应当加速推进。目前城镇职工大病保险制度尚不健全，虽有部分企业为职工建立大额补充医疗保险制度，但是还没有实现全覆盖。一些地区出现了居民医保待遇高于职工医保待遇的情况[2]，可能会引起部分参保职工特别是灵活就业人员退出职工医保，转向加入居民医保。在健康中国战略背景下，需要借鉴城乡居民大病保险制度的运营模式，加快建立健全职工大病保险制度，待

---

[1]　郑功成.中国社会保障改革与发展战略——理念、目标与行动方案[M].北京：人民出版社，2008.

[2]　城乡居民的医保待遇包括城乡居民基本医保制度和城乡居民大病保险制度两项待遇，加总起来可能会高于职工基本医保制度的保障待遇。灵活就业人员有参加职工医保制度或居民医保制度的选择权，在利益权衡下可能会倾向于参加居民医保并由此获得大病保险的保障。

时机成熟时将职工与城乡居民大病保险合二为一，建立全民大病保险制度，以缩小城乡之间、不同职业身份之间、不同医保制度参保人之间的大病保险待遇差距，助力打破和消除城乡二元经济和社会结构。建立城乡一体化大病保险制度，需要在稳步提高居民大病保险保障水平的同时，缩小大病保险在筹资比例、财政投入、基本医疗卫生服务可及性等方面的差距，逐渐消除地区和城乡之间的政策差异，统一设立大病保险的管理结构，做好医保即时结算，使大病保险在参保和待遇享受上跨越城乡、职业身份和制度障碍。通过大病保险制度的整合，实现城乡居民大病保险和城镇职工大病保险的统一筹集、统一支付和统一管理，保障广大群众的大病保障和健康权益公平。

四、健全经办体制和监督管理体制

（一）加强法制和法治建设，保障制度运行和监管合法

目前我国并未就大病保险出台单独的法律法规，许多大病保险方面的权利义务关系的确定和调整以地方行政规定为依据，自由度和随意性较大，规范性和约束力不足，造成管理出现"无法可依，有法不依"的混乱局面[1]。大病保险制度长期稳定、有序发展需要有健全的法律法规，明确各利益主体的责、权、利，妥善解决在制度运行中出现的各种纠纷和争议。

第一，将大病保险制度纳入法制化框架有助于保护广大参保人的合法权益。一方面，通过法律强制参保，将应参保而未参保者纳入大病保险制度保障之下，可以降低其高额医疗费用风险。另一方面，当参保人正当合法权益受到损害时，可运用法律手段进行维护。第二，商业保险介入大病保险经办业务，需要有位阶较高的政策依据或立法依据，以此来确立"公共部门与私人部门合作伙伴"在大病保险制度

---

[1] 赵奕钧，彭雅. 公私合作视域下的大病保险运行机制研究 [J]. 湖南社会科学，2019（03）：83-89.

中的法律地位。第三，大病保险的运行和发展需要政府秉持法治思维，包括政府守法和政府所有行政活动受限于预先制定的规则。

（二）健全经办体制，提高经办主体服务能力

1. 经办主体不宜单一而应多元化

实践证明，商业保险机构经营基本医疗保险这种准公共物品并不一定比社保经办机构更具有优势[1]。保险经办机构行政控制能力较强，而商保公司精算与风控能力较强，很难说谁更具备优势。在实践中，商保公司往往没有比社保机构更有效的手段来控制患者和医方的医疗费用。社保机构和商保公司都可以作为大病保险经办主体，各地区应当根据自身具体情况自主选择，改变"一刀切"要求委托商保公司经办的方式。经办主体多元化有利于打破垄断、增强竞争、提高经办效率，特别是在一些经济相对落后、商业保险发展还不成熟的地区，可以设过渡期仍由社保机构经办，在各方面条件成熟后再交给商保公司，也许更适合制度的平稳运行。

2. 理顺政府与商保公司的委托代理关系

引入商保公司经办大病保险，在一定程度上是为了解决社保机构在提供服务上的低效问题，通过"社商合作"提高经办管理能力。由于长期形成的部门本位主义观念和政府公共服务提供模式，政府部门在与商保公司合作中存在明显的角色越位，商保经办优势受到很大制约。很多统筹地区商保公司只能象征性地参与经办工作。从近几年大多数地区的制度运行情况来看，商保公司不设计保险产品、不定价、不营销、对基金平衡不负有全部责任，甚至有的连理赔也不做，无法获得作为保险主办者的身份认同并做长远打算，不利于大病保险的可持续发展。对此，应当理顺政府与商保公司之间的委托代理关系，通过公共服务购买合同明确商保公司的主办地位并且界定双方的权责。政府作为大病保险的政策主体、购买方和委托者，在确定

---

[1]　杭州市的大病保险经办主体是社会保险管理服务中心，经营风险由政府兜底，目前该市大病制度的运行良好、基金收支平衡，经办主体的性质对制度运行效果的影响并不明显。

政策目标后应赋予商保公司更多自主权，发挥其贴近民众、细化政策落实措施等优势，真正做到从政府"直接操办"转变为"委托经办"，实现政府由"运动员"到"裁判员"角色的转型。

第一，推进招标标准化管理机制。现阶段承办业务招标中，商保公司的专业化水准与风险管理能力没有得到足够重视，招标收费标准不规范，部分地区甚至出现"以保费补经费"的不合理现象[1]。招标工作的主要内容直接影响经办业务的服务质量。首先，对招标项目的主要内容和重要指标如补偿比例、盈亏率、配备的经办和管理力量等，需要作出科学、合理的规定以明确双方权责。其次，应当严格考察参与投标者的条件，把基本资质、业务能力和信用保障等作为重点考核评价条件。最后，严格管控评标中标情况，引入多方力量组织评审团进行评审和监督，确保招标工作公开、公平和公正。

第二，构建商保公司承办利益保障制度。商保公司是追求利润的市场主体，当某项业务利润很小甚至亏损时会终止该业务，将资源转投到利润空间大的项目。除正常理赔、人力成本、管理费用以外，大病保险经办业务存在着筹资不足、稳定性较弱、信息不对称、高额医疗费用等问题，没有政策支持，商保公司很难实现盈利目标。针对当前商保公司承办绩效不高、承保亏损严重问题，需要政府加大扶持力度。政府应考虑商保公司的合法利益诉求，在"保本微利"的基础上，确保商保公司不出现结构性亏损[2]。在市场调研的基础上对利润率进行测算，在招投标协议中列明，吸引商保公司参与。对于赔付支出控制较好且合理的商保公司，政府应给与必要的管理费用奖励。

第三，建立对商保公司经办业务的绩效考核机制。调动商保公司积极性需要建立健全激励约束相容机制，否则商保公司在取得经办权后会产生道德风险。社保经办机构需要对商保公司经办大病保险绩效建立考核机制，持续、动态评估经办效果与服务质量，促进其提高服务水平、能力和队伍建设。在绩效考核方面，设立科学

---

[1] 朱俊生 . 大病保险可持续发展需要法治保障 [J]. 中国医疗保险，2017（07）：27.

[2] 蔡辉，吴海波 . 大病保险与重疾险：制度比较与融合发展 [J]. 卫生经济研究，2015（12）：44-47.

的指标体系，包括是否充分利用医保数据合理厘定费用率和纯费率，发挥精算优势；是否有效管控医疗风险并节约基金支出；参保人群满意度和增值服务评价；人员和机构配备评分等。

第四，加强部门信息对接与共享，优化结算系统。政府应当推动搭建医疗信息的共享平台，协同医保机构、商保公司和定点医疗机构共同运行医疗系统。在商保承办业务过程中，社保机构要按照国家有关要求为经办提供必要的信息支持，为商保公司继续经办创造便利条件。目前商保公司与社保机构、医疗机构信息系统还没有完全建立起来，给参保人带来报销不便，商保公司也难以获得有效数据进行医疗费用审核、医疗服务监控，控费与精算专业优势无法发挥。统筹地区主管部门应当借助区域卫生信息平台建立完善之机，尽快实现医疗机构、新农合及商保机构之间必要信息的互联共通和"一站式"服务，以先进信息技术手段为支撑，促进大病保险管理更加精细化、服务更加人性化、制度设计更加科学化。

3. 提高承办机构专业能力

承办机构的专业优势主要在医疗费用控制、险种设计、健康精算、信息与资源等方面。首先，承办大病保险的商保公司应建立医疗专家审核和智能系统审核体系，加强对医疗费用的风控管理，减少欺诈、浪费行为引起的不合理医疗费用上升，充分利用各地分支机构众多的优势，建立公司内部异地就医配合处理机制，并尝试建立异地医疗专家库以保证费用审核的专业性和公平性。商保公司需要通过持续的技术研发和人才引进，加强风险管理，以降低大病发生率、减少医疗费用支出和基金支出。其次，商保公司应当依据基本医疗保险的法定职责范围，按照大病保险政策目标，设计大病保险险种和保险责任范围。最后，商保公司应当高度重视精算技术对大病保险基金收支平衡的重要性。

（三）强化制度运行的监督管理

在经办管理体制中引入竞争机制和市场化运作，不改变大病保险是社会保险的本质，也不改变政府在大病保险中应有的职能。政府不仅要扮演好购买者角色，也要负责履行相应的资源整合、维护信息安全和监督管理职能，特别是在监督管理上政府不可缺位。健全的监管机制是保证大病保险良性运行的关键。

第一，监管主体。商保公司是以利润最大化为目标的市场经营主体，政府让其经办大病保险并规定了"保本微利"原则，一旦监管不严就可能会产生一些违规行为[1]。在政府招标模式下，政府应当确保对承办机构实行严格的监督管理，引导其合法合规运营。省级、地市级、区级和县级社保机构应当切实履行监管职责，社保体系之外的卫生部门、财政部门、审计部门、监察部门、民政部门，以及定点医疗机构、群众应积极参与大病保险制度运行监管，构建起政府部门和全社会对大病保险的协同监管。

第二，监管对象和监管内容。监管对象主要包括大病保险承办主体、医方和参保人。对承办机构的监管，要以维护参保人合法权益、提高经办服务能力和经办效率为目的，重点着眼于承办机构的资质条件、投标行为、承办业务、基金使用、信息安全监管，建立消费者权益保护和投诉受理机制，对承办机构的违法违规行为及时严肃查处。大病保险基金庞大，关系到群众切身利益，如果对基金安全和使用的监管不力，基金可能会被各种不法和违规行为侵蚀，降低制度保障效果。因此，基金监管是监管的核心内容。对医方的监管，重点应放在医疗费用和医疗服务质量监管上，对过度医疗行为和骗取基金行为依法严格处理。对参保人应采取行为监督和违规处置，抑制其过度消费和骗保行为，特别是对发生在统筹地区以外的高额医疗费用应加强监管。对于来自医方和参保人的道德风险，需要充分发挥承办机构在风险管理、费用控制等方面的专业优势[2]。这需要探索出有效调动商保公司积极性的激励相容机制与方案，也需要政府创造更加有利的政策环境与外部条件，如进一步整合城乡居民基本医保制度、提高统筹层次、促进信息交换与数据共享等。

第三，监管手段。目前以行政监督为核心、社会监督为补充的监督模式，过分

---

[1] 王琬. 大病保险筹资机制与保障政策探讨 —— 基于全国 25 省《大病保险实施方案》的比较 [J]. 华中师范大学学报（人文社会科学版），2014, 53（03）: 16-22.

[2] 结合大病保险的特点和商保经办大病保险业务亏损的现状，应当把控制住院天数、加大对高等级医院的重点巡查，并将高危年龄组人群作为监控高额医疗费用的主要对象。

依赖于行政手段，会因政府掌握信息不完全或者寻租行为而出现失灵。大病保险的监管涉及多个政府部门，包括人力资源和社会保障部门、国家医疗保障局、银行保险监管部门、卫生部门、财务部门、审计部门。这些部门在监管方面缺乏明确分工，造成监管中"越位"与"缺位"现象并存，监管成本高但效率低。各部门往往从自身需要出发，进行大量形式上的重复检查，信息沟通不畅，降低了监管的有效性。此外，监管的专业化水平、信息化水平和监管人员职业水平也不足。因此，需要充分调动社会各方面力量并且综合采取多种监管手段。

按照新制度经济学理论，制度变迁在实质上是经济利益关系的重新调整。大病保险制度的优化和完善，必然涉及各个利益相关者的利益调整。如果一部分利益相关者状态的变好是以另一部分利益相关者状态的恶化为代价，从本质上讲都不是帕累托改进。因此，在完善大病保险制度的过程中，政府需要通盘考虑，统筹兼顾，处理好大病保险制度各个利益主体包括参保人、社会保险机构、医疗服务机构、商保公司等之间的关系。只有整体利益关系和谐，才能使制度富有效率；否则，会使制度绩效大打折扣。政府应当承认和尊重不同主体的合理利益诉求，在制度改革和完善中通过增强各利益主体的收益可获得性来激发主体积极参与的积极性。制度的改革和完善不是把风险和责任简单地甩给某个利益主体，而是要优化成本支付和收益获得，各主体不能规避需要承担的责任，它们本应获得的收益也不能被剥夺。

提高待遇水平与控制医疗费用从来都是医保的两大主题。如何达到最佳平衡点，是理论和实务都关注的课题。城乡居民大病保险制度也不例外，既要切实提高大病实际保障水平，又要确保基金在财务上具有可持续性。一方面，"打铁还需自身硬"，未来我国还需要继续优化和完善大病保险制度设计安排。总体而言，制度设计和运行尤其需要注意财务的可持续性、治理的透明性和管理绩效。另一方面，大病保险制度保障功能的正常发挥和运行效率的提高，离不开外部配套制度和运行环境的支撑。在我国"健康中国"战略背景下，大病保险制度的优化和完善，应当与医疗费用支付方式改革、医疗服务价格改革、公立医院改革、重特大疾病保障体系建设等方面的工作统筹推进。

参考文献

中文文献

1.白重恩，李宏斌，吴斌珍.医疗保险与消费：来自新型农村合作医疗的证据 [J].经济研究，2012（2）：41-53.

2.鲍震宇，赵元凤.农村居民医疗保险的反贫困效果研究——基于 PSM 的实证分析 [J].江西财经大学学报，2018（01）：90-105.

3.蔡辉，吴海波.大病保险与重疾险：制度比较与融合发展 [J].卫生经济研究，2015（12）：44-47.

4.曹阳，李海晶，高心韵.基于重大疾病总费用的大病保险补偿模式分析 [J].中国卫生事业管理，2015，32（08）：592-596.

5.陈文辉.我国城乡居民大病保险发展模式研究 [M].北京：中国经济出版社，2013.

6.陈仰东.商保经办的优势与风险 [J].中国社会保障，2016（4）：39.

7.陈在余，江玉，李薇.新农合对农村居民灾难性医疗支出的影响——基于

全民覆盖背景分析 [J]. 财经科学，2016（12）：110-120.

8. 陈在余，李微，江玉 . 农村老年人灾难性医疗支出影响因素分析 [J]. 华南农业大学学报（社会科学版），2017，16（01）：45-53.

9. 陈中南，孙圣民 . 大病保险的减贫效果研究 —— 基于 CFPS 数据的实证分析 [J]. 暨南学报（哲学社会科学版），2022，44（03）：24-39.

10. 程斌 . 农村居民大病保险的运行分析 [J]. 中国卫生经济，2018（04）：25-27.

11. 程令国，张晔 . "新农合"：经济绩效还是健康绩效？ [J]. 经济研究，2012（1）：120-133.

12. 褚福灵 . 综合发力化解灾难性医疗风险 [J]. 中国卫生，2015（07）：62-63.

13. 褚福灵 . 灾难性医疗支出研究 [J]. 中国医疗保险，2016（03）：24-26+30.

14. 褚福灵 . 灾难性医疗风险家庭的认定 [J]. 中国医疗保险，2016（11）：13-16.

15. 代志明 . "城镇居民医保"基金盈余敏感性实证分析 —— 以武汉市为例 [J]. 西北人口，2010，31（04）：54-58.

16. 戴伟 . 政策精准治理视角下我国大病保险定位与发展研究 —— 基于四省大病保险试点运行数据的分析 [J]. 社会保障研究，2019（5）：42-51.

17. 邓微，卢婷 . 我国城乡居民大病保险筹资机制探讨 —— 基于全国 28 个省市的样本分析 [J]. 中国医疗保险，2015（08）：33-35.

18. 丁继红，游丽 . 基本医疗保险对老年人灾难性卫生支出的影响研究 [J]. 保险研究，2019（12）：98-107.

19. 丁一磊 . 农村居民重大疾病保障实施效果影响因素实证研究 [D]. 南京大学，2017.

20. 丁一磊，杨妮超，顾海 . 中国农村居民大病保险保障水平影响因素实证研究 [J]. 现代经济探讨，2017（10）：111-116.

21. 丁一磊，杨妮超，顾海 . 中国农村居民重大疾病保障制度评价指标体系构建及运行效果分析 —— 以东中西部 101 个医保统筹地区为例 [J]. 南京农业大学学报（社会科学版），2017，17（6）：48-58.

22.董朝辉.大病保险政策的关键问题探讨 [J].中国医疗保险，2017（7）：15-19.

23.董曙辉.关于大病保险筹资与保障范围的思考[J].中国医疗保险，2013（04）：9-11.

24.段光锋，田文华，李阳，曹新君.上海市城乡居民与城镇职工大病保障比较及政策整合的模拟分析 [J].中国卫生经济，2020，39（11）：27-30.

25.段婷，高广颖，马骋宇，贾继荣，马千慧，那春霞.北京市新农合大病保险实施效果分析和评价 [J].中国卫生政策研究，2015，8（11）：41-46.

26.段婷，高广颖，沈文生，贾继荣，张斌.新农合大病保险制度受益归属与实施效果分析——以吉林省为例 [J].中国卫生政策研究，2014，7（11）：43-47.

27.封进，黄靖凯.我国大病医疗保险报销规则研究 [J].中国卫生政策研究，2016，9（02）：1-5.

28.封进，李珍珍.中国农村医疗保障制度的补偿模式研究 [J].经济研究，2009，44（4）：103-115.

29.封进，余央央，楼易平.医疗需求与中国医疗费用增长——基于城乡老年医疗支出差异的视角 [J].中国社会科学，2015（03）：85-103+207.

30.付晓光，杨胜慧，汪早立.城乡居民大病保险的政策演进与思考[J].中国卫生经济，2019，38（03）：13-15.

31.高传胜.包容性发展视角下城乡居民大病保险新政再思考[J].社会科学战线，2016（03）：199-205.

32.高广颖，马骋宇，胡星宇，杨显，段婷，贾继荣.新农合大病保险制度对缓解灾难性卫生支出的效果评价 [J].社会保障研究，2017（2）：69-76.

33.高健，丁静.新农合大病保险能缓解农村长期贫困吗？——来自贫困脆弱性视角的检验 [J].兰州学刊，2021（04）：170-181.

34.高健，高海霞，刘亚辉，丁静."灾难性卫生支出"能解释农村"因病致贫"吗？——中国式标准的提出 [J].中国卫生政策研究，2018，11（11）：1-9.

35. 高梦滔，姚洋. 健康风险冲击对农户收入的影响 [J]. 经济研究，2005（12）：15-25.

36. 高小莉. "大病" 以医疗费用为判定标准相对公平 [J]. 中国医疗保险，2013（6）：43-44.

37. 葛延风，贡森. 中国医改：问题　根源　出路 [M]. 北京：中国发展出版社，2007.

38. 宫习飞，于保荣，孟庆跃，严非，Dobberschuetz Karin，Tolhurst Rachel. 新型农村合作医疗受益率和实际补偿比的实例研究 [J]. 卫生经济研究，2010（04）：38-39.

39. 巩方旭. 大病保险对患者卫生服务利用及疾病经济负担的影响研究 [D]. 华中科技大学，2018.

40. 顾海，李佳佳. 城镇居民医疗保险的二次补偿机制研究——以江苏省为例 [J]. 南京社会科学，2010（09）：43-48.

41. 顾海，吴迪. "十四五" 时期基本医疗保障制度高质量发展的基本内涵与战略构想 [J]. 管理世界，2021，37（09）：158-167.

42. 顾海，许新鹏. 大病保险制度效应及对策研究：基于统筹城乡医保视角 [M]. 南京：南京大学出版社，2021.

43. 顾海，许新鹏，武文轩. 城乡居民大病保险市级统筹的制约因素及优化路径——以江苏省为例 [J]. 卫生软科学，2020，34（11）：77-80.

44. 顾海，许新鹏，杨妮超. 城乡居民大病保险制度实施现状、问题及运行效果分析 [J]. 中国卫生经济，2019，38（01）：24-26.

45. 顾昕. 全球性医疗体制改革的大趋势 [J]. 中国社会科学，2005（06）：121-128.

46. 顾昕. 中国新医改的新时代与国家医疗保障局面临的新挑战 [J]. 学海，2019（01）：106-115.

47. 国家卫生计生委统计信息中心. 第五次国家卫生服务调查报告（2013年)[M]. 北京：中国协和医科大学出版社，2015.

48. 海韵. 健全重特大疾病保障机制仍需破解诸多迷思和困惑 —— 本刊"健全重特大疾病保障机制论坛"观点综述 [J]. 中国医疗保险，2014（10）：9-11.

49. 何文炯."大病保险"应当单独筹资 [J]. 中国医疗保险，2013（11）：45.

50. 何文炯. 基本医保政策范围内报销比率是名义补偿率 [J]. 中国医疗保险，2014（05）：21.

51. 何文炯. 大病保险运行机制四大问题 [J]. 中国社会保障，2014（06）：71-73.

52. 何文炯. 大病保险辨析 [J]. 中国医疗保险，2014（07）：12-14.

53. 何文炯. 大病保险制度定位与政策完善 [J]. 山东社会科学，2017（04）：65-69.

54. 何文炯，徐林荣，傅可昂，刘晓婷，杨一心. 基本医疗保险"系统老龄化"及其对策研究 [J]. 中国人口科学，2009（02）：74-83+112.

55. 何文炯，杨一心. 医疗保障治理与健康中国建设 [J]. 公共管理学报，2017，14（02）：132-138+159.

56. 贺伟. 陕西省城乡居民大病保险制度实施效果评估 [D]. 西北大学，2018.

57. 贺晓娟，陈在余，马爱霞. 新型农村合作医疗缓解因病致贫的效果分析 [J]. 安徽农业大学学报（社会科学版），2012，21（5）：1-4.

58. 侯风云，刘俊花. 大病保险缺失对经济运行传导机制的理论与实证研究 [J]. 学习与实践，2011（07）：67-74.

59. 胡大洋. 基本医疗保险保障比例应关注实际补偿比 [J]. 中国医疗保险，2014（02）：26.

60. 胡宏伟，蒋浩琛. 多维脆弱与综合保护：困难家庭老年人群体比较与反贫困政策迭代 [J]. 社会保障研究，2020（04）：70-83.

61. 胡宏伟，王红波. 整体性治理视域下我国医保体系托底保障功能评估与改进 [J]. 中州学刊，2022（02）：70-79.

62. 胡静，刘亚飞，黄建忠. 中国农村贫困老年人的潜在医疗需求研究 —— 基于倾向得分匹配的反事实估计 [J]. 经济评论，2017（02）：127-137.

63. 胡思洋. 大病医疗保险中医保机构的道德风险问题研究 [J]. 西安财经学院学报，2017，30（01）：91-96.

64. 花亚洲. 中国城乡居民大病保险制度改革与发展策略研究 [D]. 武汉大学，2018.

65. 黄枫，甘犁. 医疗保险中的道德风险研究 —— 基于微观数据的分析 [J]. 金融研究，2012（05）：193-206.

66. 黄国武. 美国医保制度演进中大病风险化解机制研究 [J]. 社会保障研究，2015，22（02）：143-153.

67. 黄国武. 大病保障模式比较及发展路径研究：以成本—效益分析为视角 [J]. 社会保障评论，2017，1（04）：154-159.

68. 黄华波. 大病保险的制度特性与经办模式分析 [J]. 中国社会保障，2015（08）：8-11.

69. 黄洁，姚瑶. 大病保险对医疗负担的影响 —— 一个文献综述 [J]. 中国劳动，2016（24）：78-81.

70. 黄薇. 保险政策与中国式减贫：经验、困局与路径优化 [J]. 管理世界，2019，35（01）：135-150.

71. 贾洪波. 大病保险与基本医保关系之辨：分立还是归并？ [J]. 山东社会科学，2017（04）：70-75.

72. 贾继荣，高广颖，马骍宇，那春霞，马千慧，段婷，俞金枝. 北京市新型农村合作医疗大病保险实施效果及基金流向研究 [J]. 中国卫生经济，2016，35（01）：41-44.

73. 姜学夫. 我国大病保险制度面临问题及可持续发展建议 [J]. 中国人力资源保障，2018（10）：35-36.

74. 姜学夫. 城乡居民大病保险补偿方案优化研究 [D]. 上海师范大学，2019.

75. 蒋俊男，李璐，王雪峰，项莉. 大病保险对降低老年人脑血管疾病负担效果研究 —— 基于间断时间序列模型 [J]. 中国医院管理，2020，40（06）：83-85.

76. 蒋云赟. 我国城乡大病保险的财政承受能力研究 [J]. 财经研究，2014，40

（11）：4-16.

77. 金维刚 . 重特大疾病保障与大病保险的关系解析 [J]. 中国医疗保险，2013（08）：47.

78. 李东华，吴荣海，艾丽唤，肖黎，张治国 . 湖北省城乡居民大病保险制度剖析 [J]. 中国卫生经济，2016，35（8）：38-42.

79. 李华，高健 . 城乡居民大病保险治理"因病致贫"的效果差异分析 [J]. 社会科学辑刊，2018（06）：124-141.

80. 李军山，何媛媛，吴海波，李永强 . 江西省商业保险公司承办大病保险的问题、原因及对策 [J]. 卫生经济研究，2017（03）：29-34.

81. 李军山，李永强，戴婷婷 . 浅析大病保险保本微利原则的内涵与评价标准 [J]. 中国医疗保险，2017（05）：63-66.

82. 李庆霞，赵易 . 城乡居民大病保险减少了家庭灾难性医疗支出吗 [J]. 农业技术经济，2020（10）：115-130.

83. 李涛，成前 . 相对贫困家庭的灾难性医疗支出测度与空间传导机制研究 [J]. 江西财经大学学报，2021（04）：86-99.

84. 李霞，唐文熙，张籍元，马爱霞 . 我国大病医保现行模式及效果：基于文献计量分析的综述 [J]. 中国卫生事业管理，2020，37（07）：501-507.

85. 李亚青 . 政府购买服务模式下的大病保险有效监管研究 [J]. 中国卫生政策研究，2017，10（04）：24-30.

86. 李亚青，罗耀 . 大病保险是否改善了医疗弱势群体的保障状况 —— 以老年人和低收入群体为例 [J]. 广东财经大学学报，2020，35（06）：100-110.

87. 李阳 . 基于微观模拟的上海市城乡居民大病保险政策研究 [D]. 中国人民解放军海军军医大学，2021.

88. 李阳，段光锋，袁丽，田文华 . 我国大病保险发展趋势分析 —— 基于三种典型模式 [J]. 卫生经济研究，2018（04）：17-19.

89. 李英英 . 甘肃省城乡居民大病保险基金可持续性研究 [D]. 兰州财经大学，2021.

90. 李勇，周俊婷，赵梦蕊. 大病保险对中国中老年人家庭灾难性卫生支出影响实证分析 [J]. 中国卫生政策研究，2019，12（06）：41-46.

91. 李玉华. 城乡居民大病保险制度运作中的政府职责——基于政府购买公共服务的视角 [J]. 南方金融，2016（04）：81-86.

92. 李昱，孟庆跃. 医改前后农村老年家庭灾难性卫生支出状况分析 [J]. 中国卫生经济，2015，34（01）：45-47.

93. 李珍. 基本医疗保险 70 年：从无到有实现人群基本全覆盖 [J]. 中国卫生政策研究，2019，12（12）：1-6.

94. 林雪. 山东省城乡居民大病保险基金运作机制研究 [D]. 山东农业大学，2019.

95. 林雪，薛兴利. 我国城乡居民大病保险研究综述 [J]. 合作经济与科技，2019（10）：173-175.

96. 刘国恩，William H Dow，傅正泓，John Akin. 中国的健康人力资本与收入增长 [J]. 经济学（季刊），2004（04）：101-118.

97. 刘汉成，陶建平. 倾斜性医疗保险扶贫政策的减贫效应与路径优化 [J]. 社会保障研究，2020（04）：10-20.

98. 刘军强. 沙滩上的大厦——中国社会保险发展与治理的跟踪研究 [M]. 北京：商务印书馆，2018.

99. 刘军强，刘凯，曾益. 医疗费用持续增长机制——基于历史数据和田野资料的分析 [J]. 中国社会科学，2015（08）：104-125+206-207.

100. 刘莉，林海波. 医保一体化降低了健康状况不佳城乡居民的医疗负担吗？——基于分位数倍差法的分析 [J]. 财经论丛，2018（08）：22-31.

101. 刘世爱，张奇林. 中老年家庭灾难性医疗支出的测度及影响因素——基于 CHARLS 数据的实证 [J]. 南方人口，2020，35（02）：67-80.

102. 刘彤彤，周绿林，詹长春，周丽金. 大病保险实施效果评价指标体系构建及应用 [J]. 中国卫生经济，2018，37（09）：27-29.

103. 刘洋. 城乡居民大病保险问题与对策研究——以陕西省为例 [J]. 西安交通

大学学报（社会科学版），2016，36（6）：75-78.

104. 刘允海. 大病保险经办能力实证分析 [J]. 中国医疗保险，2015（09）：37-39.

105. 娄宇. 大病保险制度的法律定位存疑与改革思考 [J]. 中国医疗保险，2015（08）：11-13.

106. 卢雪梅，慈勤英. 贫困家庭灾难性卫生支出的影响因素与医疗救助政策选择——基于阿马蒂亚·森的可行能力视角 [J]. 广西社会科学，2017（08）：152-157.

107. 罗雪燕，徐伟. 江苏省城镇居民基本医疗保险住院实际补偿比影响因素实证研究 [J]. 中国卫生经济，2014，33（07）：24-26.

108. 吕兴元，刘运良. 湖南城乡居民大病保险实施效果及思考——基于郴州市城乡居民大病保险试点 [J]. 中国医疗保险，2016（03）：55-56+59.

109. 马千慧，高广颖，马骋宇，贾继荣，那春霞，俞金枝，段婷. 新型农村合作医疗大病保险受益公平性分析：基于北京市三个区县的数据分析，中国卫生经济，2015，34（10）：54-57.

110. 马勇，于新亮，张杰. 城镇居民大病保险保障绩效实证研究 [J]. 中国医疗保险，2015（08）：29-32.

111. 毛瑛，朱斌，刘锦林，吴静娴，井朋朋，李昱晨，宋晓阳. 我国大病保险政策评价：基于旬邑县的实证研究 [J]. 中国卫生经济，2015，34（08）：10-14.

112. 毛正中. 政策范围内补偿比与实际补偿比辨析 [J]. 中国卫生人才，2011（05）：45.

113. 梅乐. 城乡居民大病保险基金的运营绩效及承受能力研究——基于 H 省的实证分析 [J]. 华中农业大学学报（社会科学版），2017（06）：133-139+153.

114. 梅乐. 湖北省城乡居民大病保险的脱贫效应研究 [D]. 中南财经政法大学，2018.

115. 牟俊霖. 中国居民的健康风险平滑机制研究 [M]. 北京：中国社会科学出版社，2015.

116. 潘杰，雷晓燕，刘国恩. 医疗保险促进健康吗？ —— 基于中国城镇居民基本医疗保险的实证分析 [J]. 经济研究，2013，48（04）：130-142+156.

117. 钱文强，吕国营. 重特大疾病风险、多层次与精准施策 [J]. 中国医疗保险，2016（06）：14-17.

118. 钱瑛琦. 大病保险制度设计不应"断链" [J]. 中国社会保障，2014（07）：44-45.

119. 乔丽丽，李涛. 商业保险机构经办城乡居民大病保险的效率研究 [J]. 未来与发展，2018（10）：79-85.

120. 乔石，李祝用. 大病保险的性质与法律适用问题研究 [J]. 北京航空航天大学学报（社会科学版），2018，31（06）：22-27+68.

121. 仇春涓，高姝慧，钱林义. 我国大病保险最优补偿分段方式与区间数量研究 [J]. 应用概率统计，2022，38（01）：138-150.

122. 仇雨临. 大病保险创新发展的模式与路径研究 [M]. 北京：中国经济出版社，2020.

123. 仇雨临. "大病保险"终归是一个医疗费用的概念 [J]. 中国医疗保险，2013（6）：44.

124. 仇雨临. 大病保险的定位与治理 [J]. 山东社会科学，2017（04）：58+2.

125. 仇雨临，黄国武. 大病保险中政府与市场的作用分析 [J]. 中国医疗保险，2015（3）：26-27.

126. 仇雨临，黄国武. 大病保险运行机制研究：基于国内外的经验 [J]. 中州学刊，2014（1）：61-66.

127. 仇雨临，冉晓醒. 大病保险：为城乡居民筑牢"安全网" [J]. 群言，2019（9）：33-35.

128. 仇雨临，翟绍果，黄国武. 大病保险发展构想：基于文献研究的视角 [J]. 山东社会科学，2017（04）：58-64.

129. 沈焕根，王伟. 大病保险按病种划分公平吗？ [J]. 中国医疗保险，2013（04）：12-13.

130. 沈郁淇，桑新刚，盛红旗 . 新型农村合作医疗重大疾病医疗保险实施效果评价 —— 基于山东省潍坊市重大疾病医疗保险数据 [J]. 社区医学杂志，2014，12（19）：16-18.

131. 宋大平，赵东辉，汪早立 . 关于商业保险机构参与基本医疗保险经办服务的思考 [J]. 中国卫生经济，2017，36（06）：45-49.

132. 宋占军 . 我国各地城乡居民大病保险追踪与分析 [J]. 上海保险，2013（12）：34-39.

133. 宋占军 . 城乡居民大病保险运行评析 [J]. 保险研究，2014（10）：98-107.

134. 宋占军 . 科学确定合规医疗费用范围 防止大病保险"缩水"[J]. 中国经济周刊，2015（31）：72-73.

135. 宋占军 . 天津市城乡居民大病保险保障水平研究 [J]. 中国卫生经济，2016，35（8）：43-44.

136. 宋占军 . 城乡居民大病保险政策评估与制度优化研究 [M]. 北京：经济科学出版社，2018.

137. 宋占军 . 城乡居民大病保险保障水平分析 [J]. 中国物价，2018（05）：89-91.

138. 宋占军，朱铭来 . 大病保险制度推广对各地城居医保基金可持续性的影响 [J]. 保险研究，2014（01）：98-107.

139. 宋占军，朱铭来 . 大病保险应设计精准化方案 [J]. 中国卫生，2015（09）：60-61.

140. 孙冬悦，孙纽云，房珊杉，董丹丹，梁铭会 . 大病医疗保障制度的国际经验及启示 [J]. 中国卫生政策研究，2013，6（01）：13-20.

141. 孙洁，王琬 . 完善大病保险运行机制 [J]. 中国金融，2021（20）：76-77.

142. 孙祁祥，郑伟 . 商业健康保险与中国医改 —— 理论探讨、国际借鉴与战略 [M]. 北京：经济科学出版社，2010.

143. 孙志刚 . 实施大病保险是减轻人民就医负担的关键 [J]. 行政管理改革，2012（12）：54-57.

144. 唐兴霖，黄运林，李文军. 地方政府城乡居民大病保险政策比较及其优化研究 [J]. 理论探讨，2017（06）：151-156.

145. 陶纪坤，金辉. 新型农村合作医疗制度的反贫困效应及完善策略——基于江西省的实证研究 [J]. 中州学刊，2017（07）：67-72.

146. 田文华. 基于 RE-AIM 模型的城乡居民大病保险模式评估 [J]. 复旦学报（社会科学版），2021，63（01）：152-160.

147. 田文华，段光锋. 上海市城乡居民大病保险补偿的微观模拟分析 [J]. 同济大学学报（社会科学版），2020，31（05）：114-124.

148. 田珍都，刘泽升. 我国大病保险制度存在的问题和对策建议 [J]. 行政管理改革，2016（02）：54-58.

149. 王保真. 城乡居民大病保障特点与实质 [J]. 中国社会保障，2016（11）：84.

150. 王超群，刘晓青，刘晓红，顾雪非. 大病保险制度对城乡居民家庭灾难性卫生支出的影响——基于某市调查数据的分析 [J]. 中国卫生事业管理，2014，31（06）：433-436.

151. 王翠琴，田勇，薛惠元. 城镇职工基本养老保险基金收支平衡测算：2016 ～ 2060——基于生育政策调整和延迟退休的双重考察 [J]. 经济体制改革，2017（04）：27 -34.

152. 王东进. 关于重特大疾病保障的几个基本问题 [J]. 中国医疗保险，2014（09）：5-8.

153. 王敏，王林智，黄显官. 商业保险机构承办城乡居民大病保险的国内实践 [J]. 医学与法学，2017，9（05）：37-40.

154. 王明慧，陆广春. 理性选择视野下政府购买大病医疗保险运行现状研究——基于河北 A 市的个案考察 [J]. 华北理工大学学报（社会科学版），2018，18（05）：51-56.

155. 王黔京. 贵州城乡居民大病保险实施效果评价及对策研究——基于首批试点三个市（州）的实地调研 [J]. 贵阳市委党校学报，2018（03）：1-9.

156. 王黔京. 统筹城乡居民大病保险制度效应研究 [J]. 公共管理学报，2019，16（04）：96-107+173.

157. 王琬. 建立重特大疾病保障机制的国际经验 [J]. 中国医疗保险，2014（07）：67-70.

158. 王琬. 大病保险筹资机制与保障政策探讨 —— 基于全国 25 省《大病保险实施方案》的比较 [J]. 华中师范大学学报（人文社会科学版），2014，53（03）：16-22.

159. 王琬. 大病保险公司合作的风险及其治理研究 [J]. 山东社会科学，2017（04）：76-81.

160. 王琬. 政府购买服务视角下的大病保险供给机制研究 [J]. 学习与探索，2021（11）：51-57.

161. 王琬，吴晨晨. 制度缘起、政策争议与发展对策 —— 大病保险研究现状与思考 [J]. 华中师范大学学报（人文社会科学版），2019，58（01）：31-37.

162. 王琬，闫晓旭. 政府购买大病保险服务的政策演进路径研究 [J]. 江汉学术，2017，36（06）：5-11.

163. 王晓军. 社会保险精算管理 —— 理论、模型与应用 [M]. 北京：科学出版社，2011.

164. 王晓蕊，王红漫. 基本医疗保障制度对于改善灾难性卫生支出效果评价 [J]. 中国公共卫生，2017，33（06）：901-904.

165. 王昕，朱亚兰，龚丽洁，姚品，孙树. 城乡大病医保实施存在的问题及政府责任探讨 —— 基于辽宁实践的研究 [J]. 卫生软科学，2020，34（04）：18-22.

166. 王鑫，黄枫，吴纯杰. 城镇居民医疗保险补偿率和疾病风险研究 [J]. 社会科学家，2014（10）：63-68.

167. 王永超. 宁夏城乡居民大病保险运行分析 [J]. 中国医疗保险，2016（06）：35-38.

168. 王翌秋，徐登涛. 基本医疗保险是否能降低居民灾难性卫生支出？ —— 基于 CHARLS 数据的实证分析 [J]. 金融理论与实践，2019（02）：87-94.

169. 王中华，李湘君 . 老年慢病家庭灾难性卫生支出影响因素及其不平等分析 [J]. 人口与发展，2014，20（03）：87-95.

170. 卫生部统计信息中心 . 2008 中国卫生服务调查研究：第四次家庭健康询问调查分析报告 [M]. 北京：中国协和医科大学出版社，2009.

171. 韦芸 . 大病保险对居民医疗费用支出的影响研究 [D]. 中南财经政法大学，2020.

172. 魏哲铭，贺伟 . 城乡居民大病保险制度实施困境与对策 —— 以西安市为例 [J]. 西北大学学报（哲学社会科学版），2017，47（04）：107-113.

173. 乌日图 . 关于大病保险的思考 [J]. 中国医疗保险，2013（01）：13-16.

174. 吴海波 . 大病保险筹资动态调节机制研究 [J]. 金融与经济，2014（05）：85-88+14.

175. 吴海波，周桐，刘统银 . 我国大病保险实施进展、存在问题及发展方向 [J]. 卫生经济研究，2019，36（04）：18-20+24.

176. 吴君槐，姜学夫 . 北京市大病保险补偿方案精准性研究 —— 基于收入分层的方案设计 [J]. 社会保障研究，2019（03）：60-71.

177. 吴群红，李叶，徐玲，郝艳红 . 医疗保险制度对降低我国居民灾难性卫生支出的效果分析 [J]. 中国卫生政策研究，2012，5（09）：62-66.

178. 仙蜜花 . 商业保险参与城乡居民大病医疗保险研究 [J]. 财政监督，2014（11）：70-75.

179. 向国春，顾雪非，李婷婷，毛正中 . 我国城乡居民大病保险发展面临的困难与挑战 [J]. 中国卫生经济，2014，33（05）：15-16.

180. 向辉，杜创，彭晓博 . 医疗保险的道德风险研究 —— 基于补偿政策变动的经验证据 [J]. 保险研究，2020（06）：110-127.

181. 项莉 . 中国重大疾病医疗保障理论与实践 [M]. 北京：科学出版社，2016.

182. 项莉，罗会秋，潘瑶，李聪，张颖 . 大病医疗保险补偿模式及补偿效果分析 —— 以 L 市为例 [J]. 中国卫生政策研究，2015，8（03）：29-33.

183. 解垩 . 与收入相关的健康与医疗服务利用不平等研究 [J]. 经济研究，

2009，44（02）：92-105.

184. 谢明明. 城乡居民大病保险基金风险研究 —— 基于收支平衡与精准保障的视角 [M]. 北京：经济科学出版社，2018.

185. 谢明明. 我国职工医保基金可持续性研究 —— 基于基金平衡影响因素的分析 [J]. 郑州航空工业管理学院学报，2019，37（02）：92-106.

186. 谢明明，刘珏岑，吴国哲. 建档立卡贫困人口医疗保障政策效果研究 —— 基于改善灾难性卫生支出的视角 [J]. 卫生软科学，2020，34（09）：28-32.

187. 谢明明，王美娇，熊先军. 道德风险还是医疗需求释放？ —— 医疗保险与医疗费用增长 [J]. 保险研究，2016（01）：102-112.

188. 谢卫卫，弓媛媛，马潇萌. 新型农村合作医疗大病保险的实施效果评估：基于 CFPS 的数据分析 [J]. 中国卫生经济，2017，36（03）：46-48.

189. 熊先军. 社保和商保经办的优势比较 [J]. 中国医疗保险，2013（10）：27-28.

190. 熊先军，高星星. 规治大病政策回归制度本位 [J]. 中国医疗保险，2016（3）：21-23.

191. 徐善长. 大病保险：健全医保体系的重要环节 [J]. 宏观经济管理，2013（03）：31-32.

192. 徐维维，许汝言，陈文，胡敏. 大病保险对农村居民医疗费用负担及其公平性影响 [J]. 中国卫生经济，2019，38（07）：23-26.

193. 徐玮. 灾难性卫生支出的风险因素及防范措施 —— 基于杭州市的实践探索 [J]. 中国医疗保险，2015（05）：47-49.

194. 徐伟，杜珍珍. 大病保险实施效果评价 —— 以江苏省 A 市为例 [J]. 卫生经济研究，2016（09）：54-57.

195. 徐伟，李梦娇. 基本医疗保险对重大疾病的保障效应研究 [J]. 卫生经济研究，2015（08）：36-38.

196. 徐伟，李梦娇. 商业保险机构经办大病保险的效果与条件 —— 基于江苏省五市的案例分析 [J]. 中国卫生政策研究，2014，7（03）：43-48.

197. 徐文娟，褚福灵. 灾难性卫生支出水平及影响因素研究 —— 基于 CHARLS 数据的分析 [J]. 社会保障研究，2018（05）：64-72.

198. 许锋，王晓军，曹桂. 我国大病保险区间分段模式研究 [J]. 数学的实践与认识，2017，47（16）：1-9.

199. 许锋，王晓军，曹桂. 我国大病保险区间分段数量的设定 [J]. 数学的实践与认识，2018，48（3）：150-158.

200. 许新鹏，顾海. 大病保险对中老年居民医疗利用及健康的影响 —— 基于 CHARLS 数据的实证检验 [J]. 人口与发展，2022，28（01）：16-29.

201. 许媛媛，陈中楼. 财政支持城乡居民大病保险制度建设的思考 —— 以安徽省大病保险试点实践为例 [J]. 卫生经济研究，2015（05）：40-41.

202. 薛荔萍. 我国城乡居民大病保险基金收支平衡问题研究 [D]. 华侨大学，2017.

203. 闫菊娥，高建民，周忠良. 陕西省新型农村合作医疗缓解"因病致贫"效果研究 [J]. 中国卫生经济，2009，28（04）：59-61.

204. 闫菊娥，郝妮娜，廖胜敏，李逸舒，石福妹. 新医改前后农村家庭灾难性卫生支出变化及影响因素 —— 基于陕西省眉县的抽样调查 [J]. 中国卫生政策研究，2013，6（02）：30-33.

205. 闫菊娥，闫永亮，郝妮娜，杨金娟，高建民，李倩，王亚茹，赖莎. 三种基本医疗保障制度改善灾难性卫生支出效果实证研究 [J]. 中国卫生经济，2012，31（01）：26-28.

206. 杨红燕，聂梦琦，李凡婕. 全民医保有效抵御了疾病经济风险吗 [J]. 统计与决策，2018，34（14）：59-63.

207. 杨辉，吴珂佳，付小钊. 非农就业对农村家庭商业保险参与的影响研究 —— 来自 CFPS 数据的实证分析 [J]. 2021（06）：43-54.

208. 杨燕绥. 大额医疗保险的"因"与"果"[J]. 中国医疗保险，2013（08）：45-45.

209. 姚庆海，张领伟. 大病保险服务国家治理 [J]. 中国金融，2014（02）：61-63.

210. 于保荣. 大病保险: 四个角度的思考 [J]. 金融博览, 2016（12）: 13-14.

211. 于保荣, 柳雯馨, 姜兴坤, 陈正, 彭文潇, 王振华. 商业保险公司承办城乡居民大病保险现状研究 [J]. 卫生经济研究, 2018（03）: 3-6.

212. 于洪, 钟和卿. 中国基本养老保险制度可持续运行能力分析 —— 来自三种模拟条件的测算 [J]. 财经研究, 2009, 35（09）: 26-35.

213. 于新亮, 郭文光, 王超群, 于文广. 持续灾难性卫生支出测度、城乡差异与医疗保险阻断效应评估 [J]. 南方经济, 2021（11）: 80-96.

214. 于新亮, 朱铭来, 熊先军. 我国医疗保险保障公平性与精准化改进研究 —— 基于灾难性医疗支出界定、细分与福利评价 [J]. 保险研究, 2017（03）: 114-127.

215. 臧文斌, 赵绍阳, 刘国恩. 城镇基本医疗保险中逆向选择的检验 [J]. 经济学（季刊）, 2012, 12（1）: 47-70.

216. 曾国安, 杨佩鸿. 灾难性医疗支出对中国居民家庭之间收入差距的影响 —— 基于 CFPS 调查数据的研究 [J]. 江汉论坛, 2018（05）: 25-33.

217. 曾乔林, 高小莉, 袁一菡. 城乡居民大病保险教训分析 —— 以遂宁市为例 [J]. 中国医疗保险, 2016（06）: 31-34.

218. 翟绍果. 从医疗保险到健康保障 [M]. 北京: 中国社会科学出版社, 2014.

219. 张博. 宁夏大病保险政策对现行制度的影响 [J]. 中国医疗保险, 2014（11）: 42-45.

220. 张博, 咸胜玉, 王永超, 任翔. 宁夏大病保险实践的启示 [J]. 中国医疗保险, 2015（11）: 37-39.

221. 张楚, 王怡欢. 慢性病与灾难性卫生支出风险研究 —— 基于 2018 年 CHARLS 数据 [J]. 中国卫生政策研究, 2021, 14（04）: 42-48.

222. 张霄艳, 戴伟, 赵圣文, 方鹏骞. 大病保险保障范围现况及思考 [J]. 中国医疗保险, 2016（05）: 30-32.

223. 张霄艳, 赵圣文, 陈刚. 大病保险筹资与保障水平现状及改善 [J]. 中国社会保障, 2016（09）: 81-82.

224. 张晓莹. 大病保险的厦门范本 [J]. 中国金融, 2012（19）: 43-44.

225. 张心洁，曾益，周绿林，刘畅 . 农村居民大病保险基金运行的可持续性研究 [J]. 西北农林科技大学学报（社会科学版），2017，17（02）：42-50.

226. 张心洁，周绿林，刘畅 . 农村居民大病保险制度设计与运行中的问题及成因 [J]. 西北农林科技大学学报（社会科学版），2016，16（05）：8-14.

227. 张颖 . 商业健康保险与社会医疗保险制度的对接机制研究 [M]. 北京：中国社会科学出版社，2014.

228. 张颖，刘晓星，许佳馨 . 我国城乡统筹居民大病保险：模式设计与模拟测算 [J]. 财经论丛，2015（08）：37-44.

229. 张志来，秦立建 . 中国大病医疗保险基金未来支付能力研究 —— 以安徽省为例 [J]. 财贸研究，2015，26（03）：112-119.

230. 赵斌 . 大病保险制度的实践争论和思考 [J]. 中国人力资源社会保障，2018（10）：32-34.

231. 赵峰，刘锦林，吴静娴，井朋朋，卢黎歌 . 全民健康覆盖目标下的政府主导型大病保险 —— 基于旬邑模式经验的总结 [J]. 西安交通大学学报（社会科学版），2014，34（05）：93-99.

232. 赵美颖 . 河北省城乡居民大病保险基金可持续性研究 [D]. 燕山大学，2019.

233. 赵绍阳 . 全民医保实施效果的实证评估 [M]. 成都：西南财经大学出版社，2016.

234. 赵绍阳，臧文斌，尹庆双 . 医疗保障水平的福利效果 [J]. 经济研究，2015，50（08）：130-145.

235. 赵为民 . 新农合大病保险改善了农村居民的健康吗？ [J]. 财经研究，2020，46（01）：141-154.

236. 赵奕钧，凡学龙 . 城乡居民慢性病状况及疾病经济负担分析 [J]. 统计与决策，2017（22）：117-120.

237. 赵奕钧，彭雅 . 公私合作视域下的大病保险运行机制研究 [J]. 湖南社会科学，2019（03）：83-89.

238. 詹长春，左晓燕 . 农村居民大病保险经济补偿能力及效果 [J]. 西北农林科技大学学报（社会科学版），2016，16（05）：15-21.

239. 詹长春，左晓燕，周绿林. 经济发展新常态下的农村居民大病保险可持续发展研究——基于江苏的实践调研 [J]. 经济体制改革，2016（05）：81-85.

240. 郑秉文，张兴文. 一个具有生命力的制度创新：大病保险"太仓模式"分析 [J]. 行政管理改革，2013（06）：21-29.

241. 郑莉，梁小云. 城乡居民大病保险对灾难性卫生支出的影响 [J]. 中国卫生经济，2021，40（11）：42-46.

242. 郑伟. 推进大病保险的思考 [J]. 宏观经济管理，2013（03）：33-34+37.

243. 中国保险行业协会，中国社会科学院课题组. 中国健康险发展报告 [M]. 北京：中国财政经济出版社，2009.

244. 周晋，金昊. 大病医保体系内的制度差异及其公平和效率评价 [J]. 大连理工大学学报（社会科学版），2016，37（01）：83-89.

245. 周绿林. 社保部门主办"大病医疗保险"路径可期 [J]. 中国医疗保险，2014（01）：19-20.

246. 周绿林，张心洁. 大病保险对新农合基金可持续运行的影响研究——基于江苏省调研数据的精算评估 [J]. 统计与信息论坛，2016，31（03）：34-43.

247. 周钦，田森，潘杰. 均等下的不公——城镇居民基本医疗保险受益公平性的理论与实证研究 [J]. 经济研究，2016，51（06）：172-185.

248. 周钦，臧文斌，刘国恩. 医疗保障水平与中国家庭的医疗经济风险 [J]. 保险研究，2013（07）：95-107.

249. 朱俊生. 大病保险可持续发展需要法治保障 [J]. 中国医疗保险，2017（07）：27.

250. 朱铭来. 融资模式和补偿条件决定了大病保险的性质 [J]. 中国医疗保险，2013（08）：46.

251. 朱铭来，宋占军. 商保经办大病保险的优劣势比较分析 [J]. 中国医疗保险，2014（09）：19-21.

252. 朱铭来，宋占军，王歆. 大病保险补偿模式的思考——基于天津市城乡居民住院数据的实证分析 [J]. 保险研究，2013（01）：97-105.

253. 朱铭来，解莹，李海燕 . 大病保险委托商保承办的现状及问题分析 [J]. 中国医疗保险，2020（03）：18-22.

254. 朱铭来，于新亮，宋占军 . 我国城乡居民大病医疗费用预测与保险基金支付能力评估 [J]. 保险研究，2013（05）：94-103.

255. 朱铭来，于新亮，王美娇，熊先军 . 中国家庭灾难性医疗支出与大病保险补偿模式评价研究 [J]. 经济研究，2017，52（09）：133-149.

256. 朱晓文 . 按费用确定"大病"保障范围更趋公平 [J]. 中国医疗保险，2013（06）：45.

257. 左晓燕 . 农村居民大病保险经济补偿能力研究 [D]. 江苏大学，2017.

外文文献

1. Barcellos S H. Jacobson M. The Effects of Medicare on Medical Expenditure Risk and Financial Strain[J]. American Economic Journal: Economic Policy, 2015, 7(4): 41-70.

2. C.Bredenkamp, M.Mendola, M. Gragnolati. Catastrophic and Impoverishing Effects of Health Expenditure: New Evidence from the Western Balkans[J]. Health Policy and Planning, 2011(26): 349-356.

3. Cheong C L, Lee T J. The Factors Influencing the Occurrence and Recurrence of Catastrophic Health Expenditure among Households in Seoul[J]. Health Policy and Management, 2012, 22(2): 275-296.

4. Cornes P. The Economic Pressures for Biosimilar Drug Use in Cancer Medicine[J]. Targeted Oncology, 2012, 7(1): 57-67.

5. Fang P, Pan Z, Zhang X, et al. The Effect of Critical Illness Insurance in China[J]. Medicine (Baltimore), 2018, 97(27): 1-4.

6. Folland S, Goodman A C, Stano M. The Economics of Health and Health Care[M]. Prentice Hall, 2011.

7. Grossman M. On the Concept of Health Capital and the Demand for Health[J]. Journal of Political Economy, 1972, 80(2): 223-255.

8. Jiang J, Chen S, Xin Y, et al. Does the Critical Illness Insurance Reduce Patients' Financial Burden and Benefit the Poor More: A Comprehensive Evaluation in Rural Area of China[J]. Journal of Medical Economics (2019), 22(5): 455-463.

9. Ke Xu, David B Evans, Kei Kawabata et al. Household Catastrophic Health Expenditure: A Multicountry Analysis[J]. Lancet, 2003(362): 111-117.

10. Ke Xu, Evans D B, Carrin G, et al. Protecting Households from Catastrophic Health spending[J]. Health Affairs, 2007, 26(4): 972-983.

11. K Kawabata, K Xu, G Carrin, Preventing Impoverishment through Protection against Catastrophic Health Expenditure[J]. Bulletin of the World Health Organization, 2002(8): 612.

12. Lara J L A, Fernando Ruiz Gómez. Determining Factors of Catastrophic Health Spending in Bogota, Colombia. International Journal of Health Care Finance & Economics, 2011, 11(2): 83-100.

13. Lei X, Lin W. The New Cooperative Medical Scheme in Rural China: Does More Coverage Mean More Service and Better Health? [J]. Health Economics, 2009, 18(S2): 25-46.

14. Li A, Shi Y, Yang X. et al . Effect of Critical Illness Insurance on Household Catastrophic Health Expenditure: The Latest Evidence from the National Health Service Survey in China[J]. International Journal of Environmental Research and Public Health, 2019, 16(24): 5086.

15. Li H, Jiang L. Catastrophic Medical Insurance in China[J]. Lancet, 2017, 390(10104): 1724.

16. Li L, Jiang J, Xiang L. Impact of Critical Illness Insurance on the Burden of High-cost Rural Residents in Central China: An Interrupted Time Series Study[J]. International Journal of Environmental Research and Public Health, 2019, 16(19): 3528.

17. Martin S. Feldstein. The Welfare Loss of Excess Health Insurance[J]. Journal of Political Economy, 1973, 81(2): 251-280.

18. Meng Qun, Ling Xu, Yaoguang Zhang, et al. Trends in Access to Health Services and Financial Protection in China between 2003 and 2011: A Cross-sectional Study[J]. The Lancet, 2012, 379 (9818): 805-814.

19. Michael Kent Ranson. Reduction of Catastrophic Health Care Expenditures by a Community—Based Health Insurance Scheme in Gujarat, India: Current Experiences and Challenges[J]. Bulletin of the World Health, 2002, 80(8): 613-621.

20. Mohammad, Hajizadeh. Out-of -pocket Expenditures for Hospital Care in Iran: Who is at Risk of Incurring Catastrophic Payments[J]. International Journal of Health Care Finance and Economics, 2011, 11(4): 267-285.

21. Nadine Gazer, Alexander Malingerer. Critical Ilness Insurances: Challenges and Opportunities for Insurers[J]. Risk Management and Insurance Review, 2015, 18 (2): 131-145.

22. Newhouse J P. Medical Care Costs: How Much Welfare Loss? [J].Journal of Economics Perspectives, 1992, 6(3): 3-21.

23. Newhouse J P. Consumer-Directed Health Plans and the RAND Health Insurance Experiment[J]. Health Affairs, 2004, 23(6): 107-113.

24. Sakha Jackson, Xiaoyun Sun, Gordon Carmichael, Adrian C Sleigh. Catastrophic Medical Payment and Financial Protection in Rural China: Evidence from the New Cooperative Medical Scheme in Shan Dong Province[J]. Health Economics, 2009, 18 (1): 103-119.

25. S Bonu, I Bhushan, M Rani, I Anderson. Incidence and Correlates of 'Catastrophic' Maternal Health Care Expenditure in India [J]. Health Policy and Planning, 2009(24): 445-456.

26. S E Berki . A look at Catastrophic Medical Expenses and the Poor[J]. Health Affairs, 1986(4): 138-145.

27. Sepehri A, Simpson W, Sarma S. The Influence of Health Insurance on Hospital Admission and Length of Stay: The Case of Vietnam. Social Science & Medicine, 2006, 63(7): 1757- 1770.

28. Sharifa E W P, Yasmin A. Catastrophic Health Expenditure among Developing Countries[J]. Health Research Policy and Systems, 2017, 04 (01): 57-67.

29. Sun X, Jackson S, Carmichael G, et al. Catastrophic Medical Payment and Financaial Protection in Rural China: Evidence from the New Cooperative Medical Scheme in Shandong Province[J]. Health Economics, 2009, 18(1): 103-119.

30. Ta Y, Zhu Y, Fu H. Trends in Access to Health Services, Financial Protection and Satisfaction between 2010 and 2016: Has China Achieved the Goals of its Health System Reform?[J]. Social Science & Medicine, 2020(245): 112715.

31. Tilburt J C, Wynia M K, Sheeler R D, et al. Views of US Physicians About Controlling Health Care Costs[J]. JAMA, 2013, 310(4): 380-389.

32. Wagstaff A, Flores G, Hsu J, et al. Progress on Catastrophic Health Spending in 133 Countries: A Retrospective Observational Study[J]. The Lancet Global Health, 2018, 6(2) : 169-179.

33. Wagstaff A, Lindelow M. Can Insurance Increase Financial Risk? The Curious Case of Health Insurance in China[J]. Journal of Health Economics, 2008, 27(4): 990-1005.

34. Wagstaff A, Padhan M. Health Insurance Impacts on Health and Nonmedical Consumption in a Developing Country[R]. Policy Research Working Paper Series 3563, Washington D C: World Bank, 2005.

35. Wagstaff A, Van Doorslaer E V. Catastrophic and Impoverishment in Paying for Health Care: With Applications to Vietnam 1993-1998[J]. Health Economics, 2003, 12(11): 921-933.

36. Whitehead M, Dahlgren G, Evans T. Equity and Health Sector Reforms: Can Low-income Countries Escape the Medical Poverty Trap?[J]. Lancet, 2001, 358(9284):

833.

37. Yip W, Hsiao W C. How Effective is China's New Cooperative Medical Scheme in Reducing Medical Impoverishmen: Non-evidence-based Policy[J]. Social Science & Medicine, 2009(68): 201-209.

38. Younhee Kim, Bongmin Yang. Relationship between Catastrophic Health Expenditures and Household Incomes and Expenditure Patterns in South Korea[J]. Health Policy, 2011 (100): 239-246.

39. Zhang L, Cheng X, Tolhurs R,et al. How effectively can the New Cooperative Medical Scheme Reduce Catastrophic Health Expenditure for the Poor and Non-poor in Rural China? [J].Tropical Medicine&International Health, 2010, 15(4): 468-475.

40. Zhang Y, Vanneste J, Xu J, Liu X. Critical Illness Insurance to Alleviate Catastrophic Health Expenditures: New Evidence from China[J]. International Journal of Health Economics and Management, 2019, 19(2): 193-212.

41. Zhao S, Zhang X, Dai W, et al. Effect of the Catastrophic Medical Insurance on Household Catastrophic Health Expenditure: Evidence from China[J]. Gaceta Sanitaria, 2019, 34 (4): 370-376.

42. Zweifel P. Manning W G. Moral Hazard and Consumer Incentives in Health Care[J]. Handbook of Health Economics, 2000, 1(00): 409-459.

后　记

2000 年，我进入武汉大学社会保障研究中心学习。2008 年，我来到华中师范大学工作。求学与工作，二十余载光阴弹指一挥间。从最初选择医疗保障作为研究方向，到现在以城乡居民大病保险制度作为研究课题，我对健康保障领域的关注与兴趣历经岁月而不减。本书从保障视角对我国城乡居民大病保险制度进行了较为全面的分析，希望能够有助于推进该领域的研究和相关工作。如今学术著作即将交付出版，在此对帮助过我的所有人表示衷心感谢。

感谢华中师范大学公共管理学院和社会保障系的领导和同事，你们给予的全力支持和有益建议，让我对研究充满了信心。感谢我的师长和朋友们，我在研究过程中总会遇到各种意想不到的挑战，而你们的持续鼓励和鼎力相助让我体会到真切的温暖与感动。感谢我的家人们，你们的爱和陪伴让我倍感安心。你们一直都是支持我不断前行的动力和坚强后盾。最后，我要向所有支持和帮助本书出版的人员表示衷心感谢！

唐芸霞

2022 年 8 月